RELIURE
TIESSEN
NANCY
2001

BIBLIOTHÈQUE CHOISIE.

FORTUNIO.

BATIGNOLLES-MONCEAUX,
IMPRIMERIE D'AUGUSTE DESREZ, 24, RUE LEMERCIER.

FORTUNIO

PAR

THÉOPHILE GAUTIER.

Nouvelle édition.

PARIS,
H.-L. DELLOYE, ÉDITEUR,
13, PLACE DE LA BOURSE.

1840.

AVIS DE L'ÉDITEUR.

Désirant publier un choix des meilleurs ouvrages de la littérature moderne, nous avons dû placer au premier rang le livre de *Fortunio*, dont nous donnons aujourd'hui la troisième édition, revue avec soin par l'auteur.

Fortunio a paru en 1837 et est considéré comme l'un des plus beaux livres de M. Théophile Gautier, si illustre déjà comme poëte, comme romancier et comme critique d'art et de littérature,

AVERTISSEMENT.

M. Théophile Gautier avait publié précédemment :

Poésies, un volume, en 1830.

Albertus, ou *l'Ame et le péché*, poëme, en 1832.

Mademoiselle de Maupin, roman en deux volumes, en 1832.

Les Grotesques, études sur quelques écrivains des seizième et dix-septième siècles, un volume, en 1835.

Depuis *Fortunio*, M. Théophile Gautier a publié encore :

La Comédie de la Mort, poëme, suivi de poésies nouvelles, un volume, en 1838.

Une Larme du diable, poëme dramatique, suivi de contes et nouvelles, un volume, en 1839.

Il faut ajouter à cet ensemble d'œuvres, toutes vivement remarquées à l'époque où elles ont paru, et qui constituent déjà l'une des plus nouvelles et des plus solides renommées de notre temps, une foule d'articles d'art, de littérature et de mœurs dans les grands et petits journaux.

Les *salons de peinture* que M. Gautier publie chaque année dans *la Presse*, depuis 1836, et le *feuilleton des théâtres* qu'il rédige aussi dans ce journal avec tant de verve et d'éclat, constitueraient à eux seuls une belle réputation d'écrivain si ses autres ouvrages de poésie et de littérature ne le plaçaient encore plus haut.

M. Théophile Gautier a aujourd'hui vingt-huit ans.

PRÉFACE.

Depuis bien longtemps l'on se récrie sur l'inutilité des préfaces, — et cependant l'on fait toujours des préfaces. Il est bien convenu que les lecteurs (pluriel ambitieux) les passent avec soin, ce qui paraîtrait une raison valable de n'en pas écrire. — Mais cependant que diriez-vous de quelqu'un qui vous arrêterait au coin d'une rue, et, sans vous saluer préalablement, s'accrocherait au bouton de votre habit pour vous raconter tout au long ses affaires intimes : la maladie de sa femme, les succès de son petit garçon fort en thème, la mort de son petit chien, le renvoi de sa servante et la perte de son procès?

En homme bien élevé, l'on doit saluer son public et lui demander au moins pardon de la liberté grande que l'on prend de l'interrompre dans ses plaisirs ou ses ennuis pour lui débiter des histoires plus ou moins saugrenues. — Faisons donc la révérence au public, personnage éminemment respectable dont on a abusé de tant de manières.

Nous pourrions bâtir une théorie dans laquelle nous démontrerions que notre roman est le plus beau du monde et qu'il ne se peut rien voir de mieux conduit et de plus intéressant. Il est plus facile de faire les règles sur l'œuvre que l'œuvre sur les règles, et bien des grands hommes prennent ce parti; — mais nous préférons ne parler ni d'Aristote, ni d'Horace, ni de Schlegel, et laisser en repos l'Architectonique, l'Esthétique et l'Ésotérique, et toutes les majestueuses désinences en *ique* qui donnent une physionomie si rébarbative aux préfaces du jour.

Assurément bien des esprits chagrins, embusqués au tournant de quelque feuilleton, demanderont quel est le sens et le but de ce livre. — Il ne manque pas, en ce siècle de chiffres, de mathématiciens qui diraient après avoir entendu *Athalie* : « Qu'est-ce que cela prouve? » — Question beaucoup plus légitime après la lecture de *Fortunio*.

Hélas! *Fortunio* ne prouve rien, — si ce n'est qu'il vaut mieux être riche que pauvre, quoi qu'en puissent dire M. Casimir Bonjour et tous les poëtes qui font des antithèses sur les misérables trésors du riche et les charmes de la médiocrité.

Fortunio est un hymne à la beauté, à la richesse, au bonheur, les trois seules divinités que nous reconnaissions. — On y célèbre l'or, le marbre et la pourpre. Du reste, nous en prévenons les femmes de chambre sensibles, l'on y trouve peu de doléances sur les âmes dépareillées, la perte des illusions, les mélancolies du cœur et autres platitudes prétentieuses qui, reproduites à satiété, énervent et amollissent la jeunesse d'aujourd'hui. — Il est temps d'en finir avec les maladies littéraires. Le règne des phthisiques est passé. — Le spiritualisme est une belle chose sans doute ; mais nous dirons avec le bonhomme Chrysale, dont nous estimons fort la bourgeoise raison :

Guenille si l'on veut ; ma guenille m'est chère.

Beaucoup de gens pourront crier à l'invraisemblance et à l'impossibilité ; mais ces gens-là courront le risque de se tromper souvent : le roman de *Fortunio* est beaucoup plus vrai que bien des histoires. — Si quelques magnificences semblent exorbitantes et fabuleuses aux esprits économes de l'époque, nous pourrions au besoin désigner les endroits, et le masque qui couvre la figure des personnages n'est pas tellement impénétrable qu'il ne laisse transparaître les physionomies.

Selon notre habitude, nous avons copié sur nature les appartemens, les meubles, les costumes, les femmes et les chevaux, avec curiosité, scrupule et conscience ; nous avons très-peu arrangé et seulement quand les nécessités de la narration l'exigeaient impérieusement. Tout cela ne veut pas dire que *Fortunio* soit un bon livre, ni même un livre amusant; mais au moins toutes les formes extérieures y sont étudiées de près, et rien n'y est peint de convention.

L'on peut voir par ce peu de lignes la maigre sympathie que nous avons pour les romans à grandes prétentions.

Si cependant l'on voulait à toute force donner un sens mythique à *Fortunio*, Musidora, dont la curiosité cause indirectement la mort, ne serait-elle pas une Psyché moderne, moins la pureté virginale et la chaste ignorance? Nous avons fait Fortunio assez beau, assez comblé de perfections pour représenter convenablement l'Amour; et d'ailleurs tout le monde en cette vie n'est-il pas à la poursuite d'un Eldorado introuvable?

Les saint-simoniens seraient bien maîtres d'y voir la réunion symbolique de l'Orient et de l'Occident, depuis longtemps préconisée; mais, comme dit Fortunio : « Quel gaz remplacera le soleil? »

FORTUNIO.

CHAPITRE PREMIER.

Georges donnait à souper à ses amis, non pas à tous, car il en avait bien deux ou trois mille, mais seulement à quelques lions et à quelques tigres de sa ménagerie intime.

Les soupers de Georges avaient une célébrité d'élégance joyeuse et de sensualité délicate qui faisait regarder comme une bonne fortune d'y être invité; mais cette faveur était difficilement accordée, et bien peu de noms pouvaient se vanter d'être inscrits habituellement sur la bienheureuse liste. Il fallait être grand clerc en fait de belle vie, éprouvé au feu et à l'eau, pour être admis dans le sanctuaire.

Quant aux femmes, les conditions étaient encore plus exorbitantes : la beauté la plus parfaite, la corruption la plus exquise, et vingt ans tout au plus. On pense bien qu'il n'y avait pas beaucoup de femmes au souper de Georges, quoiqu'au premier coup d'œil la seconde des conditions semble assez facile à remplir; cependant il y en avait quatre ce soir-là, quatre superbes créatures, quatre pur sang, des anges doublés de démons, des cœurs d'acier dans des poitrines de marbre, des Cléopâtre et des Impéria au petit pied, les monstres les plus charmans que l'on puisse imaginer.

Malgré toutes les raisons du monde qu'avait le souper d'être fort gai, il était peu animé : bons compagnons, chère transcendante, vins très-vieux, femmes très-jeunes, des bougies à faire pâlir le soleil en plein midi, tous les élémens avec quoi se fabrique ordinairement la joie humaine se trouvaient réunis à un degré bien rare à rencontrer ; pourtant un crêpe de grise langueur s'étendait sur tous les fronts. Georges lui-même dissimulait mal une contrariété et une inquiétude visibles que le reste des convives semblait partager.

On s'était mis à table à la sortie des Bouffes, c'est-à-dire sur le minuit. Une heure allait sonner à une magnifique pendule de Boule, posée sur un piédouche incrusté d'écaille, et l'on ne venait que de prendre place.

Un siége vide indiquait un absent qui avait manqué de parole.

Le souper avait donc commencé sous l'impression désagréable d'une attente trompée et de mets qui n'étaient plus aussi à point ; car il est en cuisine comme en amour une minute qui ne revient pas et qui est extrêmement difficile à saisir. Il fallait assurément que ce délinquant fût un personnage très-vénéré parmi la bande, car Georges, gourmand à la manière d'Apicius, n'aurait pas attendu deux princes un quart d'heure.

Musidora, la plus piquante des quatre déesses, poussa un délicieux soupir, semblable au roucoulement d'une colombe malade, qui voulait dire : « Je vais passer une nuit funèbre et m'ennuyer horriblement, cette fête débute mal, et ces jeunes gens ont l'air de croque-morts. »

— Que Dieu me foudroie, fit Georges, en brisant dans ses doigts un verre de Venise de la plus grande richesse, épanoui comme une clochette, sur son pied tourné en vrille et traversé de spirales laiteuses. La clochette rompue répandit sur la nappe, au lieu de rosée, quelques larmes d'un vieux vin du Rhin, plus précieuses que des perles d'Orient. — Une heure, et ce damné de Fortunio qui ne vient pas !

La belle enfant se trouvait assise à côté du siége vacant destiné à Fortunio, ce qui l'isolait complétement de ce côté.

On avait réservé cette place à Fortunio comme une place d'honneur, car Musidora appartenait au plus haut rang de l'aristocratie de beauté ; et, assurément, pour être reine, il ne lui manquait qu'un sceptre : elle l'aurait peut-être obtenu dans un siècle de poésie, dans ce temps fabuleux où les rois épousaient des bergères. Il n'est pas sûr d'ailleurs que Musidora eût accepté un roi constitutionnel. Elle paraissait s'amuser fort peu ; elle avait même bâillé une ou deux fois assez ostensiblement : personne ne lui convenait parmi les convives, et sa coquetterie n'étant pas intéressée, elle restait froide et morne comme si elle eût été entièrement seule.

En attendant que Fortunio vienne, jetons un coup d'œil sur la salle et les convives qu'elle renferme.

La salle est d'un aspect riche et noble ; des boiseries de chêne relevées d'arabesques d'or mat revêtent les parois du mur ; une corniche précieusement sculptée, soutenue par des enfans et des chimères, règne tout autour de la salle ; le plafond est traversé par des poutres brodées d'ornemens et de ciselures qui forment des caissons où l'on a dessiné des figures de femmes, sur fond d'or, dans le goût gothique, mais avec un pinceau plus souple et plus libre. Dans les entre-deux des fenêtres sont posés des crédences et des buffets de brèche antique portés par des dauphins d'argent aux yeux et aux nageoires d'or, dont les queues entortillées forment de capricieuses volutes. Tous ces buffets sont chargés de vaisselle armoriée et de flacons de formes étranges contenant des liqueurs inconnues ; d'amples et puissans rideaux de velours nacarat doublés de moire blanche, frangés de crépines d'or, retombent sur les fenêtres à vitrage de couleur, garnies de triples volets qui empêchent aucun bruit de transpirer du dehors au dedans, et du dedans au dehors ; une grande cheminée, aussi de bois sculpté, occupe le fond de la pièce ; deux cariatides à la gorge aiguë, aux hanches onduleuses, aux grands cheveux échappés par nappes, deux figures vivantes, dignes du ciseau de Jean Goujon ou de Germain Pilon, remplacent les chambranles et soulèvent sur leurs épaules un linteau transversal délicatement ouvré et couvert de feuillages d'un fini précieux. Au-dessus, une glace de Venise taillée à bizeau, très-étroite et placée dans le sens de sa largeur, scintille dans une bordure magnifique. Une forêt entière flambe dans la gueule de cette vaste cheminée, garnie à l'intérieur de marbre blanc, où deux grands dragons de bronze, avec des ailes onglées, font l'office des chenets ordinaires. Trois lustres de cristal de roche, chargés de bougies, pendent du plafond comme les grappes gigantesques d'une vigne miraculeuse, douze torchères de bronze doré représentant des bras d'esclaves jaillissent de la boiserie, tenant chacun au poing un bouquet de fleurs bizarres d'où les jets blancs de la bougie s'élancent comme des pistils enflammés ; et, pour suprême magnificence, en guise de dessus de portes, quatre Titien fabuleusement beaux, dans tout leur éclat passionné, dans toute l'opulence de leur chaude couleur d'ambre, des Vénus et des maîtresses de prince étendues fièrement dans leur divine nudité sous l'ombre rouge des courtines et souriant avec la satisfaction de femmes sûres d'être éternellement belles.

Le comte Georges y tenait extrêmement, et il aurait donné vingt salles à manger comme celle que nous venons de décrire plutôt qu'un seul de ses cadres ; dans la misère, si la misère eût pu atteindre le comte Georges, il aurait mis en gage le portrait de son père, la bague de sa mère avant de vendre ses chers Titien. C'était la seule chose qu'il possédât dont il eût été orgueilleux.

Au milieu de cette grande salle, imaginez une grande table couverte d'une nappe damassée où le blason du comte Georges est tissu dans la trame avec la couronne et la devise de sa maison ; un surtout ciselé, figurant des chasses au tigre et au crocodile par des Indiens montés sur des éléphans, occupe le milieu ; des assiettes du Japon et de vieux Sèvres, des verres de toutes formes, des couteaux de vermeil et tout l'attirail nécessaire à manger et à boire délicatement et longtemps, remplissent le reste de l'espace. Placés autour de cette table, quatre anges damnés, Musidora, Arabelle, Phébé et Cinthie, délicieuses filles paternellement dressées par le grand Georges lui-même, et nommées les *incomparables;* le tout entremêlé de six jeunes gens dont aucun n'était vieux, contre l'usage habituel, et dont les visages, lisses et reposés exprimaient l'indolente sécurité et l'aplomb praticien des gens qui ont deux ou trois cent mille livres de rentes et les plus beaux noms de France.

Georges, en qualité de maître de la maison, se prélasse sur un grand fauteuil de cuir de Cordoue ; les autres ont des chaises plus petites de la forme dite aujourd'hui Mazarine, en ébène et revêtues de lampas cerise et blanc d'une exquise rareté.

Le service est fait par de petits nègres tout nus, à

l'exception d'une trousse bouffante de soie ponceau, avec des colliers de verroterie et des cercles d'or aux bras et aux jambes, comme l'on en voit dans les cènes de Paul Véronèse. Ces négrillons circulent autour de la table avec une agilité de singe et versent aux convives les vins les plus précieux de France, de Hongrie, d'Espagne et d'Italie, contenus non dans d'ignobles bouteilles de verre, mais dans de beaux vases florentins d'argent ou de vermeil, d'un travail admirable, et malgré leur prestesse, ils ont peine à suffire à leur service.

Pour rehausser cette élégance et ce luxe tout royal, faites tomber sur ces cristaux, ces bronzes, ces dorures, une neige de lumière d'une si vive blancheur que le moindre détail s'illumine et flamboie étrangement, un torrent de clarté mate qui ne laisse à l'ombre d'autre place que le dessous de la table, une atmosphère éblouissante traversée d'iris et de rayons prismatiques, à éteindre des yeux et des diamans moins beaux que ceux des incomparables Musidora, Arabelle, Phébé et Cinthie.

A droite de Georges, à côté de la chaise vide de Fortunio, est placée Musidora, la belle aux yeux vert de mer : elle a dix-huit ans tout au plus. Jamais l'imagination n'a rêvé un idéal plus suave et plus chaste ; on la prendrait pour une vignette animée des *Amours des anges* par Thomas Moore, tant elle est limpide et diaphane. La lumière semble sortir d'elle, et elle a plutôt l'air d'éclairer que d'être éclairée elle-même ; ses cheveux, d'un blond si pâle qu'ils se fondent avec les tons transparens de sa peau, se tournent sur ses épaules en spirales lustrées ; un simple cercle de perles, tenant de la ferronnière et du diadème, empêche les deux flots dorés qui coulent de chaque côté du front de s'éparpiller et de se réunir ; ils sont si fins et si soyeux que le moindre souffle les soulève et les fait palpiter.

Une robe d'un vert très-pâle, brochée d'argent, rehausse la blancheur idéale de sa poitrine et de ses bras nus, autour desquels s'enroulent en forme de bracelets deux serpens d'émeraudes avec des yeux de diamans d'une vérité inquiétante. C'est là toute sa parure.

Son visage pâle, où brille dans son printemps une indicible jeunesse, est le type suprême de la beauté anglaise : un duvet léger en adoucit encore les moelleux contours comme la fleur sur le fruit, et la chair en est si délicate que le jour la pénètre et l'illumine intérieurement.

Cet ovale, d'une pâleur divine, accompagné de ses deux grappes de cheveux blonds, avec ses yeux noyés de vaporeuse langueur, et sa petite bouche enfantine, que lustre un reflet humide, a un air de mélancolie pudique et de plaintive résignation bien singulière à pareille fête : en voyant Musidora l'on dirait une statue de la Pudeur placée par hasard dans un mauvais lieu.

Cependant à l'observer attentivement, on finit par

découvrir certains tours d'yeux un peu moins angéliques et par voir frétiller au coin de cette bouche si tendrement rosée le bout de queue du dragon; des fibrilles fauves rayent le fond de ces prunelles limpides, comme font des veines d'or dans un marbre antique, et donnent au regard quelque chose de doucereusement cruel qui sent la courtisane et la chatté; quelquefois les sourcils ont un mouvement d'ondulation fébrile qui trahit une ardeur profonde et contenue, et la nacre de l'œil est trempée de moites lueurs comme par une larme qui se répand sans déborder.

La belle enfant est là, un bras pendant, l'autre étendu sur la table, la bouche à demi ouverte, son verre plein devant elle, le regard errant; elle s'ennuie de cet ennui incommensurable que connaissent seuls les gens qui de bonne heure ont abusé de tout, et il n'y a plus guère de nouveau pour Musidora que la vertu.

— Allons, Musidora, dit Georges, tu ne bois pas, et, prenant le verre qu'elle n'avait pas encore touché, il le lui porta à la bouche, et, appuyant le bord contre ses dents, il lui infiltra la liqueur goutte à goutte.

Musidora le laissa faire avec la plus profonde insensibilité.

— Ne la tourmentez pas, Georges, dit Phébé en se levant à demi; quand elle est dans ses tristesses, il n'y pas moyen d'en tirer un mot.

— Pardieu! répondit Georges en reposant le verre,

puisqu'elle ne veut ni boire ni parler, pour l'empêcher de devenir tout à fait insociable, je m'en vais l'embrasser.

Musidora détourna la tête si vivement que les lèvres de Georges n'effleurèrent que sa boucle d'oreille.

— Ah! fit Georges, Musidora devient d'une vertu monstrueuse, elle ne se laissera bientôt plus embrasser que par son amant ; je lui avais pourtant inculqué les meilleurs principes. Musidora vertueuse, Fortunio absent ; voilà un piteux souper !

Puisque ce Fortunio tant désiré n'est pas encore arrivé et que sans lui nous ne pouvons commencer notre histoire, nous demanderons au lecteur la permission de lui esquisser les portraits des compagnes de Musidora, à peu près comme on remet un livre d'images ou un album plein de croquis à quelqu'un qu'on est obligé de faire attendre. Fortunio, qui sera, s'il vous plaît, le héros de ce roman, est un jeune homme habituellement fort exact, et il faut quelque motif grave qui l'ait empêché et retenu chez lui.

Phébé ressemble à la sœur d'Apollon, à la chasteté près, et c'est pour cela qu'elle en a pris le nom, qui est pour elle un madrigal et une ironie.

Elle est d'une taille haute et souple, et elle a dans son habitude de corps la désinvolture guerrière de la chasseresse antique ; son nez mince, coupé de narines roses et passionnées, se joint à son front presque sans sinuosité ; ses longs sourcils effilés, ses paupières étroites, sa bouche ronde et pure, son menton légèrement relevé, ses cheveux aux ondes crépelées, la font tout à fait ressembler à une médaille grecque.

Elle porte un costume d'une originalité piquante : une robe de brocart d'argent taillée en forme de tunique et retenue aux épaules par de larges camées, des bas de soie de la plus vaporeuse finesse, rosés par la transparence de la chair, et des souliers de satin blanc, dont les bandelettes entrelacés simulent on ne peut mieux le cothurne ; un croissant de diamans placé sur des cheveux noirs comme la Nuit, et un collier d'étoiles complètent cette élégante et bizarre parure.

Phébé est l'amie ou si l'on veut l'ennemie intime de Musidora.

Cinthie, qui trône au bout de la table entre deux beaux jeunes gens, dont l'un est son amant passé et l'autre son amant futur, est une véritable Romaine d'une beauté sérieuse et royale ; elle n'a rien de la grâce sémillante et de la coquetterie, toujours au vent, des Parisiennes ; elle est belle, elle le sait, et se repose tranquillement dans la conscience de ses charmes tout-puissans, comme un guerrier qui n'a jamais été vaincu.

Elle respire lentement et regulièrement, et son souffle a quelque chose du souffle d'un enfant endormi ; ses gestes sont d'une sobriété extrême, ses mouvemens rares et cadencés.

En ce moment-ci, elle tient son menton appuyé sur le dos de sa main, d'une forme et d'une blancheur incomparables; son petit doigt, capricieusement relevé, le pli de son poignet, la pose de son bras, rappellent ces grandes tournures maniérées qu'on admire aux tableaux des vieux maîtres; des cheveux de jais, où frissonnent des reflets bleuâtres, séparés en bandeaux tout simples, laissent à nu des oreilles petites, blanches, vierges de piqûres et un peu écartées de la tête comme celles des statues grecques.

Des tons chaudement bistrés adoucissent la transition du noir violent de sa chevelure à la riche pâleur de son front; quelques légers poils follets couchés sur ses tempes modèrent la précision de ses sourcils sévèrement arqués, et des teintes blondes, qui redoublent d'intensité à mesure qu'elles montent vers la nuque, dorent harmonieusement le derrière de son cou, où se dessinent grassement, dans une chair souple et drue, les trois beaux plis du collier de Vénus. Ses épaules, fermes et mates, ont l'air de ces marbres que Canova lavait avec une eau saturée d'oxyde de fer pour en atténuer la crudité éclatante et leur ôter le lustre criard du poli.

Le ciseau de Cléomène n'a rien produit de plus parfait, et les plus suaves contours que l'art ait caressés ne sont rien auprès de cette réalité magnifique.

Quand elle veut regarder de côté, elle le fait sans tourner la tête, en coulant la prunelle dans le coin de son œil, de façon que le cristallin bleuâtre, lustré par un plus large éclair, s'illumine d'un éclat onctueux dont l'effet est inexprimable; puis, quand elle a vu, elle ramène lentement ses prunelles fauves à leur place sans déranger l'immobilité de son masque de marbre.

Dans l'orgueil de sa beauté, Cinthie repousse toute toilette comme un artifice indigne ; elle n'a que deux robes : une robe de velours noir et une autre de moire blanche ; elle ne porte jamais ni collier ni boucles d'oreilles, pas même une simple bague. Quelle bague, quel collier pourraient valoir la place qu'ils couvriraient? Un jour elle répondit avec une fierté toute cornélienne à une femme qui l'avait priée de lui montrer ses chiffons et ses bijoux, et qui, étonnée de cette simplicité excessive, lui demandait comment elle faisait les jours de gala et de cérémonie?

— J'ôte ma robe, et je défais mon peigne.

Ce soir-là, elle avait sa robe de velours noir posée sur la peau sans chemise et sans corset : elle était en demi-toilette.

Pour Arabelle, je ne sais trop qu'en dire, sinon que c'était une charmante femme. Une grâce souveraine arrondissait tous ses mouvemens, et ses gestes étaient si doux, si harmonieusement filés, qu'ils avaient quelque chose de rhythmique et de musical.

C'étaient la Parisienne par excellence : on ne pouvait pas dire qu'elle fût précisément belle, et cependant elle avait dans toute sa personne un ragoût si irritant et si hautement épicé de minauderies et de façons particulières que ses amans eux-mêmes eussent soutenu qu'il n'y avait pas au monde une femme d'une beauté plus parfaite.

Un nez un peu capricieux, des yeux d'une grandeur médiocre, mais étincelans d'esprit ; une bouche légèrement sensuelle, des joues d'un rose timide encadrées dans des touffes soyeuses de cheveux châtains, lui faisaient le minois le plus adorablement mutin qu'on puisse imaginer. Pour le reste, petit pied, main frêle, les reins bien cambrés, la cheville fine et sèche, le poignet mince ; tous les signes de bonne race.

Je vous épargnerai la description de son costume. Contentez-vous de savoir qu'elle était habillée à la mode de demain.

— Ah ça ! décidément, Fortunio nous fausse compagnie, s'écria l'amphitryon en avalant une consciencieuse rasade de vin de Constance ? J'ai envie, quand je le rencontrerai, de lui proposer de se couper un peu la gorge avec moi.

— Je suis de votre avis, dit Arabelle, mais il n'est pas aisé de rencontrer le seigneur Fortunio ; il n'y a que le hasard qui soit assez adroit pour cela.— J'avais affaire à lui, non pas pour lui couper la gorge, au contraire, et je n'ai jamais pu le trouver, quoique je l'aie cherché d'abord dans tous les endroits où il pouvait être, ensuite dans ceux où il ne pouvait pas être : j'ai été au Bois, aux Bouffons, à l'Opéra, que sais-je ? à l'église ! pas plus de Fortunio que s'il n'eût jamais existé. Fortunio, c'est un rêve, ce n'est pas un homme.

— Qu'avais-tu donc de si pressé à lui demander? fit Musidora, en laissant tomber sur Arabelle un regard indolent.

— Les pantoufles authentiques d'une princesse chinoise qui a été sa maîtresse, à ce qu'il m'a conté un matin qu'il était un peu gris, et dont il avait promis de me faire cadeau après m'avoir baisé le pied, parce que, disait-il, j'étais la seule femme de France qui les pourrait chausser.

— Pourquoi ne pas avoir été le trouver chez lui, dit Alfred, l'amant en expectative de Cinthie?

— Chez lui? c'est bien aisé à dire et mal aisé à faire.

— En effet, il doit sortir beaucoup; c'est un homme très-répandu, ajouta l'amant réformé.

— Vous ne m'avez pas comprise; pour aller chez lui, il faudrait savoir d'abord où il demeure, répliqua Arabelle.

— Il doit cependant demeurer quelque part, à moins qu'il ne perche, ce qui est encore possible, dit Georges; quelqu'une de vous, adorables princesses, sait peut-être sur la branche de quel arbre miraculeux le bel oiseau a fait son nid.

— Si je le savais, messer Georgio, je ne serais pas ici, je vous le jure, et vous pouvez m'en croire, dit la silencieuse Romaine.

— Bah! dit Alfred, est-ce que l'on a besoin de logis? les dames du temps entendent l'hospitalité d'une si large manière.

— Laquelle de vous, mesdames, sert de maison à Fortunio?

— Ce que tu dis n'a pas le sens commun, et où mettrait-il ses habits et ses bottes, reprit Georges gravement, il faut toujours bien un hôtel pour loger ses bottes. — Du reste, nous avons soupé chez Fortunio, il n'y a pas longtemps; tu y étais, si je ne me trompe.

— C'est vrai, dit Alfred, à quoi songeais-je donc?

— J'y étais aussi, reprit Arabelle, et même son souper valait beaucoup mieux que le vôtre, Georges, quoique vous vous piquiez d'être un adepte en haute cuisine; mais qu'est-ce que cela prouve, sinon que Fortunio est le plus mystérieux des mortels?

— Il n'y a rien de mystérieux à donner à souper à vingt personnes.

— Assurément non; mais voici où le mystérieux commence; je me suis fait conduire à l'hôtel où Fortunio nous a reçus, et personne n'a eu l'air de savoir ce que je voulais dire; Fortunio était parfaitement inconnu. Je fis prendre des informations qui furent d'abord infructueuses, mais enfin je finis par découvrir qu'un jeune homme, dont on ignorait le nom et dont le signalement se rapporte parfaitement à celui de Fortunio, avait acheté l'hôtel deux cent mille francs qu'il avait payés comptant en billets de banque, et qu'aussitôt le marché conclu, une nuée de tapissiers et d'ouvriers de toutes sortes avait envahi la maison et l'avait mise dans l'état où vous l'avez vue, avec une rapidité qui tenait de l'enchantement. De nombreux domestiques en grande livrée, un chef de cuisine suivi d'une légion d'aides et d'officiers de bouche, portant dans de grandes mannes couvertes de quoi ravitailler une armée, étaient arrivés, on ne sait d'où, le soir même du souper. — Le matin tout disparut; les domestiques s'en allèrent comme ils étaient venus : Fortunio sortit et ne revint pas, il ne resta dans l'hôtel que le vieux concierge pour ouvrir de temps en temps les fenêtres et donner de l'air aux appartemens.

— Si Arabelle n'avait bu que de l'eau pendant le repas, je pourrais peut-être croire ce qu'elle dit, interrompit Phébé; mais tout ceci m'a l'air aussi fou, aussi désordonné que les globules de vin de Champagne qui montent à la surface de mon verre; elle nous prend pour des enfans et nous débite des contes de fées avec un sérieux déplorable.

— Vraiment, lunatique Phébé, c'est là votre avis, reprit Arabelle, avec ce petit ton sec que les femmes seules savent prendre entre elles, mon conte est pourtant une histoire beaucoup plus vraie que d'autres.

— Laissez dire Phébé, Arabelle, et continuez, interrompit Musidora, dont la curiosité s'était à la fin éveillée.

— J'ai essayé par tous les moyens, c'est-à-dire par le seul moyen avec lequel on puisse corrompre quelqu'un ou quelque chose, de corrompre le vertueux dragon de ce château enchanté. Je lui donnai beaucoup d'argent; mais cette consciencieuse canaille, qui avait peut-être peur que je lui reprisse ses louis, ne put cependant rien me dire, attendu qu'il ne savait rien; excellente raison d'être discret. Au reste, ce digne homme, profondément affligé de n'avoir aucun secret à trahir, m'offrit obligeamment de me faire voir l'intérieur de la maison, espérant que j'y trouverais peut-être quelque indice. J'acceptai. Précédée du vieillard, qui m'ouvrit les recoins les plus occultes, je visitai tout avec un soin extrême; je ne vis rien qui pût m'éclairer dans mes doutes; pas le moindre chiffon de papier, pas un mot, pas un chiffre. J'allai chez le marchand qui avait vendu les meubles, et qui est un des plus célèbres ouvriers de Paris; il n'avait pas vu Fortunio : c'était un homme entre deux âges, avec une figure d'intendant et un moral d'usurier, qui avait fait toutes les emplettes; il ne le connaissait d'ailleurs aucunement. Nous avons tous été les dupes d'une hallucination, et nous avons cru sérieusement souper chez Fortunio.

— Ceci est étrange, fort étrange, excessivement étrange! marmotta l'élégant Alfred, qui depuis longtemps n'avait plus besoin de miroir pour y voir double. Ha! ha! voilà des créanciers qui doivent être bien attrapés!

— Bah! c'est qu'il aura déménagé ou qu'il aura été à la campagne; il n'y a rien de mystérieux là-dedans, fit Georges.

— Qu'est-ce que Fortunio? dit Phébé.

— Pardieu, c'est Fortunio, interrompit Alfred, que t'importe ?

— Un excellent gentilhomme, il est tout ce qu'il y a de plus marquis au monde ; mon père a beaucoup connu le sien : il a des armoiries à ne déparer les panneaux d'aucune voiture, ajouta Georges par manière de réflexion.

— Il est très-beau, dit la Cinthia, aussi beau que le Saint-Michel du Gnide à Rome, dont j'ai été amoureuse étant petite fille.

— Personne n'a de meilleures manières, et de plus il est spirituel comme Mercutio, continue Arabelle.

— On le dit éperdument riche, plus riche que tous les Rotschild ensemble, et généreux comme le Magnifique du conte de La Fontaine, reprit Phébé.

— Quelle est donc la maîtresse de cet heureux personnage, qui paraît avoir eu une fée pour marraine ? dit Musidora.

— On ne sait, car à toutes ces vertus Fortunio joint une discrétion parfaite ; mais ce n'est assurément aucune de vous, car elle l'aurait crié sur les toits, répondit Georges. Ce sera toi si tu le veux, ou si tu le peux, car le Fortunio paraît solidement cuirassé contre les flèches de l'amour, et les rayons de tes yeux de chatte, si aigus et si brûlans qu'ils soient, ne me paraissent pas de force à entamer son armure.

— Un jeune pair d'Angleterre, qui avait six cent mille livres de rentes, s'est brûlé la cervelle pour moi, fit dédaigneusement la Musidora.

— Oui, mais tu te jetteras par dessus le pont pour Fortunio, avec ta plus belle robe et un chapeau tout neuf.

— C'est donc un démon, votre Fortunio? N'importe, je parie le rendre amoureux de moi à en perdre la tête, et cela avant six semaines.

— Si ce n'était qu'un démon, ce serait peu de chose, et tu en viendrais aisément à bout ; tromper le diable n'est qu'un jeu pour une femme.

— C'est donc un ange !

— Pas davantage, au surplus tu vas juger toi-même, car on vient d'ouvrir la porte de l'hôtel, et j'entends le bruit d'une voiture dans la cour. Ce ne peut être que lui.

Je parie mon attelage de chevaux gris pommelés contre une de tes papillotes que tu ne trouves pas une petite porte grande comme un trou de souris pour te glisser dans le cœur de Fortunio.

J'irai donc à Longchamp dans une calèche attelée à la d'Aumont, dit la petite en se frappant joyeusement dans les mains.

— Monsieur Fortunio! — cria, d'une voix glapissante qui domina un moment le bruit des conversations et le cliquetis de la vaisselle, un grand mulâtre bizarrement vêtu.

Toutes les têtes se tournèrent subitement de ce côté, les fourchettes qui étaient en l'air n'achevèrent pas leur chemin : le repas fut suspendu.

Fortunio s'avança vers le fauteuil de Georges d'un

pas ferme et vif, et lui donna une poignée de main.

— Ha! ha! bonjour, Fortunio, — pourquoi diable es-tu venu si tard?

— Vous m'excuserez, mesdames, j'arrive de Venise, où j'étais invité à un bal masqué très-brillant chez la princesse Fiamma; j'avais oublié de le dire à Georges lorsqu'il m'a rencontré à l'Opéra et m'a prié de venir à son sabbat. J'ai eu à peine le temps de changer d'habit.

— Ah! si tu vas au bal à Venise, il n'y a plus rien à dire; mais je crois, ô Fortunio, t'avoir aperçu au boulevard de Gand, il n'y a pas huit jours. Vous mentez comme une épitaphe ou comme un journal officiel, mon jeune ami.

— En effet, j'étais au boulevard de Gand avec de Marcilly, qu'y a-t-il là d'étonnant?

— Oh! rien, — à moins de posséder le manteau voyageur de Faust, d'avoir trouvé le moyen de diriger les ballons ou de chevaucher sur des aigles, cette ubiquité me paraît peu probable.

— Bah! dit Fortunio en faisant sauter sa bourse avec un geste plein d'insouciance, à cheval sur ceci on fait plus de chemin que si l'on avait l'hippogriffe entre les jambes. Ça, je voudrais bien boire un coup, la langue me pèle faute d'humidité; Mercure, apporte-moi la coupe d'Hercule!

La coupe d'Hercule était un grand vase ciselé aussi vaste que la mer d'airain, supportée par douze bœufs, dont il est parlé dans l'Écriture, et que les plus rudes buveurs ne soulevaient qu'avec appréhension.

— Mercure, verse-moi dans ce dé à coudre une goutte d'un liquide quelconque ; car la soif m'étrangle comme une cravate trop serrée.

Mercure lui versa de haut, comme les pages des tableaux de Terburg, le contenu d'une urne antique magnifiquement travaillée et dont les anses étaient formées par deux amours cherchant à s'embrasser.

Le jeune Fortunio empoigna la lourde coupe d'une main ferme et la vida d'un seul trait. Ce beau fait d'armes lui valut l'admiration universelle.

— Oh ! Mercure, ne reste-t-il pas encore un peu de cette piquette dans la cave de ton maître ? Je voudrais bien en boire une autre gorgée.

Mercure, altéré, hésita un instant, regardant les yeux de Georges pour savoir s'il devait obéir ; mais les yeux de Georges, enveloppés d'un nuageux brouillard d'ivresse, ne disaient exactement rien.

— Eh bien ! brute, faut-il te répéter deux fois les choses ? Si j'étais ton maître, je te ferais corroyer tout vif et pendre un peu par les pieds, en attendant mieux.

Le nègre Mercure courut vite prendre un autre vase sur un autre buffet, le renversa au-dessus de la coupe, puis se retira d'un air craintif et se tint à quelque distance, debout sur un pied, comme un héron dans un marais, attendant l'événement avec une sorte d'anxiété respectueuse.

Le brave Fortunio tarit l'immense cratère avec une facilité qui prouvait de longues et patientes études sur la manière de humer le piot, comme dirait maître Alcofribas Nasier.

— Maintenant, messieurs, je suis au pair ; j'ai rattrapé le temps perdu, et nous pouvons souper tranquillement. Vous aurez peut-être cru que j'étais venu tard de peur de boire, et vous aurez conçu sur mes mœurs les plus horribles soupçons. Maintenant, je dois être dans votre esprit aussi pur qu'un agneau de trois mois ou qu'une pensionnaire qui va faire sa première communion.

— Oh! oui, dit Alfred, innocent et vertueux comme un voleur qu'on mène pendre.

La prétention que Fortunio avait étalée de souper tranquillement était vraiment exorbitante, et rien au monde n'était plus impossible, assurément. Jupiter serait descendu par le plafond avec son aigle et ses carreaux, que l'on n'y aurait fait aucune attention.

Musidora est à peu près la seule qui ait sa raison ; la présence de Fortunio l'a fait sortir de sa torpeur de marmotte ; elle est maintenant aussi éveillée qu'une couleuvre que l'on aurait longtemps agacée avec un brin de paille ; ses prunelles vertes scintillent singulièrement ; les narines de son petit nez se gonflent, les coins malicieux de sa bouche se relèvent, son dos ne s'appuie plus au coussin du fauteuil ; elle se tient droite en arrêt, comme un cavalier debout sur ses étriers, qui s'apprête à frapper et qui assure son coup. L'attelage gris pommelé de Georges lui trotte et lui piaffe dans la cervelle, et elle se voit déjà couchée sur les coussins de la calèche et faisant voler sous les roues tourbillonnantes la poussière fashionable du bois de Boulogne.

D'ailleurs Fortunio seul lui plaît bien autant que les quatre chevaux de Georges, et l'attelage n'est plus que d'une importance secondaire dans la périlleuse conquête qu'elle tente. Elle cherche au fond de son arsenal l'œillade la plus assassine, le sourire le plus amoureusement vainqueur pour le lui décocher et lui percer le cœur d'outre en outre ; en attendant qu'elle porte le coup décisif, elle observe Fortunio avec une attention profonde, voilée sous des façons badines ; elle guette tous ses mouvemens ; elle l'entoure de lignes de circonvallation et tâche de l'enfermer dans un réseau de coquetteries ; car Fortunio est un type vivant de cet idéal viril rêvé par les femmes et que nous avons le tort de réaliser si rarement, aimant mieux abuser outre mesure de la permission qu'on nous a accordée d'être laids.

Fortunio paraît avoir vingt-quatre ans tout au plus ; il est de taille moyenne, bien cambré, fin et robuste, l'air doux et résolu, l'épaule large, les extrémités minces, un mélange de grâce et de force d'un effet irrésistible ; ses mouvemens sont veloutés comme ceux d'un jeune jaguar, et sous leur nonchalante lenteur on sent une vivacité et une prestesse prodigieuse;

Sa tête offre le type le plus pur de la beauté méridionale ; son caractère est plutôt espagnol que français, plutôt arabe qu'espagnol. Le pinceau ne tracerait pas un ovale plus parfait que celui de sa figure ; son nez mince, légèrement aquilin, d'une arête brusque et comme coupée au ciseau, relève la pureté toute féminine des autres traits du visage et lui donne quelque chose de fier et d'héroïque ; des sourcils d'un noir velouté, se fondant en teintes bleuâtres vers les extrémités, se dessinent fermement au-dessus de longues paupières, qu'à leur couleur orangée on pourrait croire teintes de *henné* à la manière orientale. Par une bizarrerie charmante, les prunelles de ces yeux étincelans sont d'un bleu céleste, aussi limpide que l'azur d'un lac dans les montagnes ; un imperceptible cercle brun les entoure et fait ressortir leur éclat diamanté ; la bouche a cette rougeur humide et vivace qui accuse une beauté de sang de plus en plus rare. La lèvre inférieure, un peu large, respire toutes les ardeurs de la volupté ; la supérieure, plus fine, plus serrée, arquée en dedans à ses coins avec une expression de dédain humoristique tempérée par la bienveillance du reste de la physionomie, indique de la résolution et une grande puissance de volonté. Une moustache, qui ne semble pas avoir été coupée beaucoup de fois, estompe les angles de cette bouche de ses ombres douces et soyeuses. Le menton, délicatement bombé, frappé au milieu d'une mignonne fossette, s'unit par une ligne d'une rondeur puissante à un col athlétique, à un col de jeune taureau vierge du joug. Pour le front, sans avoir l'élévation prodigieuse et les proportions triomphales d'un front de poëte à la mode, il est large et noble, les tempes pleines sans le plus léger pli, et des lueurs satinées sur les portions habituellement recouvertes par les cheveux ; le ton du front est beaucoup plus blanc que celui du reste de la face, où un soleil plus ardent que le nôtre a déposé des couches successives d'un hâle blond et doré, sous lesquelles pointent des demi-teintes rosées et bleuâtres qui ravivent de leur fraîcheur la sécheresse un peu fauve de cette belle nuance bistrée si chérie des artistes. Des cheveux noirs comme l'aile vernie du corbeau, longs et faiblement bouclés, retombent autour de ce masque pâle dans le plus savant désordre. L'oreille est petite, incolore, et semble avoir été anciennement percée.

Autant que le hideux costume moderne peut permettre de l'apercevoir, ses formes sont admirablement proportionnées, rondes et vigoureuses à la fois : des muscles d'acier sous une peau de velours ; quelque chose dans le goût du Bacchus indien, que l'on voit au Musée des Antiques, et qui peut lutter de perfection harmonieuse avec la Vénus de Milo elle-même ; car rien au monde n'est plus beau que la grâce mariée à la force. — Sous l'éblouissante blancheur de son linge l'on devine une poitrine large et profonde, solide et polie comme du marbre, où il doit être bien charmant pour une femme d'appuyer sa gorge ou de reposer sa tête ; des bras aussi bien modelés que ceux de l'Antinoüs, terminés par des mains d'une perfection inimitable, se font parfaitement deviner à travers une manche fort juste.

Quand au reste du costume, nous ne le décrirons pas : la description d'un gilet, d'un habit et d'un pantalon modernes feraient reculer d'horreur de plus hardis que nous. Vous pouvez seulement vous imaginer ce qu'il devait être en pensant aux chefs-d'œuvre des plus lyriques tailleurs de Paris, que vous avez admirés sur le dos de quelque merveilleux au concert, à la promenade ou ailleurs ; seulement, ajoutez-y mentalement une élégance divine, je ne sais quel laisser-aller aristocratique et nonchalant, une modestie pleine de sécurité et d'aplomb, une grâce distraite, des manières que vous n'avez certainement vues chez aucun merveilleux ; de plus, à l'index de la main gauche, un diamant d'une grosseur énorme, d'une eau à rivaliser avec le Régent et le Sancy, et qui lançait à droite et à gauche de folles bleuettes de lumière.

Musidora était en proie à la plus violente émotion, quoiqu'elle eût l'apparence d'une grande liberté d'esprit.

Un instinct délicat, un sentiment profond de la beauté l'avait jusqu'alors préservée d'aimer. A travers la folle vie de courtisane, elle avait conservé une ignorance complète de la passion. Ses sens, excités de trop bonne heure, ne lui disaient rien ou peu de chose, et toutes les liaisons qu'elle nouait et dénouait si facilement n'étaient que d'intérêt ou de pur caprice. — Comme à toutes les femmes qui en ont beaucoup vu, les hommes lui inspiraient un dégoût profond. Une courtisane connaît mieux un homme en une nuit qu'une honnête femme ne le connaît en dix ans; car l'on n'est vrai qu'avec elles. — A quoi bon se gêner? Aussi l'être qui résiste à ce terrible laisser-aller et qui paraît aimable encore dans ce déshabillé complet est-il prodigieusement et frénétiquement aimé.

La petite Musidora trouvait les hommes profondément méprisables et de plus fort laids. Le dehors de la boîte ne lui plaisait guère plus que le dedans. Ces figures insignifiantes ou difformes, terreuses ou apoplectiques, infiltrées de fiel ou martelées de rouge, bleuies par la barbe, sillonnées de plis profonds; ces cheveux rudes et sauvages, ces bras noueux et velus la ravissaient médiocrement. La délicatesse excessive de son organisation lui rendait ces défauts beaucoup plus sensibles; un homme, qui n'était qu'un homme pour la robuste Cinthia, lui semblait un sanglier. Musidora, quoiqu'elle eût dix-huit-ans, n'était réellement pas une femme, ce n'était pas même une jeune fille, c'était un enfant; un enfant, il est vrai, aussi corrompu qu'un colonel de dragons, et logeant sous sa frêle enveloppe une malice hyperdiabolique : avec son air candide, elle aurait dupé des cardinaux et joué sous jambe M. le prince de Talleyrand. Elle avait donc de merveilleux avantages sur toutes ses rivales; car son indifférence et sa froideur bien connues lui faisaient comme une espèce de virginité que chacun eût été glorieux de lui ravir. Au milieu de sa prostitution, elle avait tout le piquant d'une jeune fille sévèrement gardée; courtisane, elle avait eu l'art de créer un obstacle et de mettre, pour l'irriter, une barrière au-devant du désir. Cependant, elle fut moins heureuse cette fois dans ses tentatives de séduction : malgré toutes ses chatteries et ses gentillesses, Fortunio ne s'occupa d'elle que comme tout homme bien né s'occupe d'une femme placée à côté de lui : il avait toutes ces petites attentions demi-familières que l'on a pour une jolie femme et qui ne tirent point à conséquence.

Musidora faisait tous ses efforts pour l'attirer dans une sphère plus intime et lui arracher quelques-unes de ces phrases de galanterie un peu ardentes auxquelles on peut à la rigueur donner le sens d'un aveu et d'une déclaration tacite. Mais Fortunio, en poisson rusé, jouait prudemment à l'entour de la nasse et n'y entrait pas; il répondait évasivement aux questions insidieuses de Musidora, et au moment où elle croyait le tenir, il lui échappait par une brusque plaisanterie.

Musidora tenta toute espèce de moyens : elle lui fit de fausses confidences pour en obtenir de vraies; elle l'interrogea sur ses voyages, sur sa vie, sur ses goûts. Fortunio buvait, mangeait, riait, disait un oui ou un non, et lui fuyait entre les doigts, plus fluide et plus mobile que du vif argent.

— Vraiment, Georges, dit Musidora en se penchant de son côté, cet homme est comme un hérisson, on ne sait par où le prendre.

— Prends garde d'embrocher ton cœur à l'un de ses piquans, ma petite reine, répondit Georges.

— Quelle vie a-t-il donc menée et de quelle argile est-il donc pétri ? fit Musidora inquiète.

— Le diable seul le sait, répliqua Georges en faisant un geste d'épaules intraduisible.

— Fortunio, Fortunio, s'écria Arabelle en se dressant à l'autre bout de la table, et les pantoufles de ta princesse chinoise, quand me les donneras-tu ?

— Ma belle dame, elles sont chez vous, délicatement posées au pied de votre lit sur la peau de tigre qui vous sert de tapis.

— Vous riez, Fortunio ; jamais vous n'avez été dans ma chambre à coucher, et hier soir il n'y avait assurément pas de pantoufles au pied de mon lit.

— Vous n'avez sans doute pas bien regardé, car je vous assure qu'elles y sont, dit Fortunio en avalant une magnifique rasade.

Arabelle sourit d'un air incrédule.

— Est-ce vrai, dit Musidora avec un accent de coquetterie jalouse, que ces pantoufles vous viennent d'une princesse chinoise ?

— Je crois que oui, répondit Fortunio. — Elle s'appelait Yeu-T'seu. — Une charmante fille ! Elle avait un anneau d'argent dans le nez et le front couvert de plaques d'or. Je lui faisais des madrigaux où je lui disais qu'elle avait la peau comme du jade et les yeux comme des feuilles de saule.

— Était-elle plus jolie que moi? interrompit Musidora en tournant sa figure du côté de Fortunio, comme pour lui faciliter la comparaison.

— C'est selon. Elle avait de petits yeux bridés, retroussés par les coins, le nez épaté et les dents rouges.

— Oh! le monstre! Elle devait être hideuse!

— Point du tout; elle passait pour une beauté incomparable; tous les mandarins en raffolaient.

— Et vous l'aimiez? dit Musidora d'un ton piqué.

— Elle m'adorait, et je la laissais faire.

— Savez-vous, monsieur Fortunio, que vous êtes prodigieusement fat?... ou bien vous vous moquez de nous. Vous avez acheté ces babouches sur le quai Voltaire, chez quelque marchand de curiosités.

— Moi, nullement, je vous jure; vous m'interrogez, je vous réponds; quant aux pantoufles, elles n'ont pas été achetées; qui est-ce qui n'a pas été un peu en Chine? Voulez-vous que je vous fasse servir un doigt de vin de Xérès; il est fort bon.

— Ce n'est pas la peine, dit Musidora avec le plus gracieux sourire, passez-moi votre verre.

Fortunio le lui tendit sans paraître étonné d'une si formelle faveur. Musidora le porta à ses lèvres par le côté qu'avait effleuré la bouche de Fortunio.

Quand Musidora eut bu, Fortunio remplit le verre

et le vida avec simplicité, comme si une jeune et charmante femme ne venait pas d'y tremper familièrement son petit bec rose de colombe.

Musidora ne se rebuta pas et, par un mouvement d'une combinaison supérieure, fit sauter son soulier de satin et posa son pied sur celui de Fortunio ; un bas de soie, plus aérien qu'une toile d'araignée, permettait de sentir toute la perfection et le poli d'ivoire de ce pied de Cendrillon.

— Croyez-vous, Fortunio, que je ne chausserais pas la pantoufle de votre princesse? dit Musidora, les joues allumées du rose le plus vif, en pressant légèrement avec son pied le pied de Fortunio.

— Elle serait trop large pour vous, répondit tranquillement Fortunio, et il se remit à boire sans plus de façons.

Ceci eût pu passer pour un compliment sans la mine indolente de Fortunio ; aussi Musidora n'en tira aucun augure favorable, et, voyant que tous ses efforts n'aboutissaient à rien, elle changea de batteries et se mit à jouer l'indifférence (sans toutefois retirer son pied) et ne causa plus qu'avec Georges. La froideur n'y fit pas plus que la galanterie : Fortunio ne lui adressait la parole que de loin en loin et par manière d'acquit. Cependant Musidora crut s'apercevoir que Fortunio serrait imperceptiblement son genou, mais elle reconnut bientôt son erreur.

Pendant toute cette stratégie, il n'est pas besoin de dire que le reste de l'assemblée buvait considérablement et se livrait au plus triomphant bacchanal que l'on puisse imaginer. Le fashionable Alfred demandait la tête des tyrans et l'abolition de la traite des noirs au grand ébahissement des négrillons, étonnés d'une philanthropie si subite.

Deux compagnons avaient précieusement glissé de leur chaise sous la table et ronflaient comme des chantres à vêpres ; les autres gloussaient et piaulaient je ne sais quelle chanson sur un ton lamentable et funèbre, occupation agréable qu'ils interrompaient de temps en temps pour se raconter à eux-mêmes leurs bonnes fortunes, car personne n'était dans le cas d'écouter.

Les femmes, qui avaient résisté plus longtemps, se laissaient enfin entraîner au tourbillon général ; Arabelle même était si grise qu'elle oubliait d'être coquette.

Phébé, les deux coudes appuyés sur la nappe, regardait avec une fixité de regard stupide une des figures du surtout, qu'elle ne voyait pas.

Quant à la Romaine, elle était admirable de quiétude heureuse : elle dodelinait doucement de la tête et semblait marquer la mesure d'une musique entendue d'elle seule ; un sourire nonchalant voltigeait sur sa bouche entr'ouverte comme un oiseau autour d'une rose, et les longs cils noirs de ses yeux demifermés jetaient une ombre de velours sur les pommettes de ses joues colorées d'une imperceptible vapeur rose ; elle avait ses deux mains posées l'une sur l'autre, comme les mains de la Romaine dans le magnifique portrait de M. Ingres, et contrastait singulièrement par son calme parfait avec la turbulence générale.

Pour Musidora, la gorgée de vin de Xérès qu'elle avait bue commençait à lui porter à la tête ; une légère sueur lui perlait sur le front ; la fatigue l'envahissait en dépit d'elle ; quelques grains du sable d'or du sommeil commençaient à lui rouler dans les yeux ; elle s'endormait comme un petit oiseau qui a chaud dans le duvet de son nid ; de temps en temps elle soulevait ses paupières alourdies pour contempler Fortunio, dont le magnifique profil se découpait fièrement sur un fond d'éblouissante lumière, puis elle les refermait sans cesser pour cela de le voir ; car les commencemens de rêve qu'elle ébauchait étaient tout pleins de Fortunio. Enfin elle laissa pencher sa tête comme une fleur trop chargée de pluie, ramena machinalement devant ses yeux deux ou trois boucles de ses beaux cheveux blonds comme pour s'en faire des rideaux, et s'endormit tout à fait.

— Ha ! fit Georges, voilà Musidora qui a mis la tête sous son aile. Regarde quel adorable petit museau ; elle dormirait au milieu d'un concerto de tambours ; c'est une fort jolie fille, mais je préfère mes Titien. Entre nous, vois-tu, Fortunio, je n'ai jamais aimé que cette belle fille qui est là-haut couchée au-dessus de cette porte, dans son lit de velours rouge ; vois cette main, ce bras, cette épaule, quel admirable dessin, quelle puissance de vie et de couleur ! — Ah ! si tu pouvais ouvrir une heure ces beaux bras et me presser sur cette poitrine qui semble palpiter, je jetterais avec plaisir toutes mes maîtresses par la fenêtre. Pardieu, je me sens une envie du diable de décrocher le tableau et de le faire porter dans mon lit.

— Là, là, Georgio carissimo, piano, piano, vous me faites de la peine, vous allez gagner une pleurésie à vous échauffer ainsi dans votre harnois ; conservez-vous à vos respectables parens, qui veulent faire de vous un pair de France et un ministre. — Vous avez tort de médire de la nature, qui a bien son prix ; — tu parles de l'épaule de cette femme peinte ; voilà là-bas Cinthie, qui ne dit rien et laisse errer ses yeux au plafond, en pensant peut-être à son premier amour et à sa petite maison de briques du quartier des Transteverins, et qui a de plus belles épaules que tous les Titien de Venise et d'Espagne. Approche, approche, Cinthia ; montre-nous ta poitrine et ton dos, et fais voir à ce faquin de Georges que le bon Dieu n'est pas encore aussi maladroit qu'il veut bien le dire.

La belle Romaine se leva, défit gravement l'agrafe de sa robe, qui glissa jusque sur sa taille cambrée, et laissa voir un sein d'une pureté de contour admirable, des épaules et des bras à faire descendre un dieu du ciel pour les baiser.

— Je te conseille fort, mon ami Georges, de lui donner la place que tu destinais tout à l'heure à ton tableau ; il ne lui manque que le cadre. En disant cela, Fortunio promenait la main sur le dos de la Cinthia, mais avec le même sang-froid que s'il eût touché un marbre. On eût dit un sculpteur qui passe le pouce sur les contours d'une statue pour s'assurer de leur correction.

— Remonte ta robe, nous t'avons assez vue.

La Romaine fut lentement se rasseoir à sa place.

Quant à Georges, il répétait toujours : « J'aime mieux mes Titien. »

Les bougies tiraient à leur fin ; les nègres, harassés de fatigue, dormaient debout, en s'appuyant le dos contre les murs ; la table, si bien servie, était dans le plus affreux désordre, tachée de vin, ruisselante de débris ; les élégans édifices de sucrerie croulaient de toutes parts, largement éventrés ; les merveilles du dessert, les fruits, les ananas, les fraises du Chili, les assiettes montées avec un soin si curieux, tout cela était détruit, renversé et gaspillé ; la nappe avait l'air d'un champ de bataille. Cependant, quelques convives acharnés luttaient encore avec le désespoir du courage malheureux et s'efforçaient de vaincre l'ivresse et le sommeil, mais ils avaient perdu toute leur verve et leur entrain ; ils pouvaient à peine faire du bruit et n'avaient plus la force de casser les porcelaines et les cristaux, moyens violens usités pour ranimer une orgie languissante.

Georges lui-même verdissait d'une manière sensible et venait d'entrer dans cette période malsaine de l'ivresse où l'on se met à parler morale et à célébrer les charmes de la vertu. — Fortunio seul, toujours frais, l'œil limpide, la lèvre rouge, l'air calme et reposé d'une dévote qui va faire ses pâques, l'esprit aussi libre que lorsqu'il était entré, jouait nonchalamment avec son couteau de vermeil et paraissait tout prêt à recommencer.

— Eh bien! dit Fortunio, l'on ne boit donc plus? Quelle maigre hospitalité! J'ai soif comme le sable quand il n'a pas plu de quinze jours.

On apporta une immense jatte de punch d'arack tout allumé, les jolies flammes dansaient à la surface, en agitant joyeusement leurs basquines d'or; c'était comme un bal de feux follets.

Georges remplit son verre et celui de Fortunio, sans éteindre la liqueur enflammée, puis il saisit le bol avec son trépied et le jeta sur le plancher, et dit avec un geste d'ineffable mépris : — Il vaut mieux le jeter que de le profaner en le versant à de pareilles brutes. Faisons-les rôtir, puisqu'elles ne veulent pas boire; nous le pouvons en toute sûreté de conscience, ce sont des oies.

La liqueur se répandit sur le parquet, toute flambante, et les petites langues bleues de la flamme commencèrent à lécher les pieds des dormeurs et à mordre les bords de la nappe. La lueur de ce petit incendie improvisé pénétra sur-le-champ à travers les paupières le plus invinciblement fermées, et tout le monde fut bien vite debout, même les deux respectables convives coulés à fond dès le commencement de la tempête, et qui eussent été cuits infailliblement tout vifs si Mercure le nègre et Jupiter le mulâtre ne les eussent aidés à sortir des lieux souterrains et ténébreux où ils gisaient.

— Où est Fortunio, demanda Musidora en écartant ses cheveux ?

— Fortunio ! dit Georges, il était là tout à l'heure.

— Il est parti, dit respectueusement Jupiter.

— Qui sait quand on le reverra ; il est peut-être allé déjeuner avec le Grand-Mogol ou le Prêtre-Jean. — Ma petite reine, j'ai bien peur que tu ne sois obligée d'aller à pied ou en carrosse de louage, comme une fille vertueuse. — Si tu le trouves, tu seras bien habile.

— Bah ! dit Musidora, en tirant à demi de son sein un petit portefeuille à coins d'or ; j'ai son portefeuille.

— Ah ça ! tu es donc un vrai diable en jupons. Voilà une fille bien élevée ; — jamais des parens ordinaires n'auraient l'idée de vous faire apprendre à voler !

CHAPITRE II.

Musidora ne se réveilla que sur les trois heures de l'après-midi, heure raisonnable. Elle étendit nonchalamment son joli bras vers le cordon de moire placé au chevet de son lit ; mais sa main blanche retomba.

Le lit de Musidora était extrêmement simple : il ne ressemblait en rien aux lits des bourgeoises enrichies, qui ont l'air de reposoirs pour la Fête-Dieu ; c'était frais et charmant comme l'intérieur d'une coque de clochette sauvage.

Deux rideaux de cachemire blanc et de mousseline des Indes, superposés, tombaient en bouillons nuageux d'une large rosace argentée, fixée au plafond, autour d'une élégante gondole de bois de citronnier très-pâle, avec des pieds et des incrustations d'ivoire ; des draps de toile de Hollande d'une finesse idéale, un vrai brouillard tissu, laissaient transparaître légèrement le rose doux de l'étoffe qui enveloppait les matelas gonflés par la plus soyeuse laine du Thibet : cette précieuse toison, qui est probablement la véritable toison d'or que Jason allait conquêter sur la nef Argo, paraissait à peine assez précieuse à Musidora pour remplir de simples matelas ; son petit orgueil de démon était intérieurement flatté de penser qu'il y avait la corruption de vingt honnêtes filles dans sa couchette, et que devant une ou deux aunes de cette laine tissue et teinte les plus fiers scrupules s'humanisaient subitement. Cela l'amusait de conclure ainsi sur beaucoup de déshonneurs en probabilité. Un double oreiller garni en point d'Angleterre cédait avec mollesse sous sa petite tête, noyée dans ses blonds cheveux, répandus autour d'elle comme les flots de l'urne d'une naïade ; un couvre-pied de satin blanc, rempli par le précieux duvet que l'eider arrache de ses ailes pour réchauffer ses chers petits, s'étendait sur elle comme une tiède tombée de neige, et l'on entrevoyait vaguement sous l'ondulation de l'étoffe un charmant petit monticule formé par son genou à demi soulevé.

Voilà de quelle façon Musidora, la belle enfant, était couchée. — Pour ce lit seulement, l'Afrique avait donné les dents les plus grosses de ses éléphans ; l'Amérique, son bois le plus précieux ; Mazulipatnam, sa mousseline ; le Cachemire, sa laine ; la Norwége, son duvet ; la France, son industrie. Tout l'univers s'était mis en quête, et chaque partie du monde avait apporté son plus extrême luxe.

Il n'y a au monde que les courtisanes qui ont passé leur enfance à manger des pommes crues pour cracher au front de la richesse avec cet aplomb insolent. Héliogabale et Séguin n'éprouvaient pas plus de plaisir à souiller l'or et à le rendre misérable que cette frêle jeune fille qui a nom Musidora.

Cependant, tout ceci n'empêche pas le lit de l'enfant d'être, comme nous l'avons dit plus haut, de la plus virginale simplicité. Le reste de la chambre est aussi ruineusement simple. — Les murs sont tendus de satin blanc relevé de torsades roses et argent, ainsi que le plafond ; un tapis blanc, épais comme un gazon, semé de roses que l'on serait tenté de croire naturelles, couvre le parquet de bois des îles ; les portes, coupées dans la tenture avec une si grande précision que l'on a peine à les deviner, ont des serrures et des gardes de cristal d'Irlande admirablement taillé. — La pendule se compose d'un bloc de jaspe oriental avec un cadran de platine niellée. — Une pendule dont aucun tailleur ne voudrait. — A côté du lit, au lieu de veilleuse, une petite lampe étrusque, de la tournure la plus authentique, en terre rouge, avec de ravissans dessins de chimères ailées et de femmes à leur toilette, pose sur un élégant guéridon. — Quelques fauteuils, un sopha, pièce indispensable, fait sur le modèle du sopha de Crébillon fils, une table de mosaïque ; voilà tout l'ameublement.

Musidora ouvrit sa petite bouche aussi grande qu'elle put sans parvenir à produire un bâillement bien formidable ; ses dents perlées brillaient comme des gouttelettes de rosée au fond d'un coquelicot et produisaient l'effet le plus charmant du monde ; —

3.

un bâillement de Musidora était plus gracieux que le sourire d'une autre femme.

Elle abaissa ensuite les franges de ses paupières soyeuses, se coucha sur le côté gauche, puis sur le côté droit, et voyant qu'elle ne pouvait plus conserver l'espérance de se rendormir, elle laissa échapper un soupir flûté et languissamment modulé, aussi plein de rêverie et de pensée qu'une note de Beethoven.

Elle allongea une seconde fois son bras vers sa sonnette.

Une porte imperceptible cachée dans le mur s'entr'ouvrit, et par l'étroit hiatus se glissa dans la chambre une grande fille svelte et bien tournée, coquettement mise avec un madras chiffonné à la façon des créoles.

Elle vint sur la pointe du pied jusqu'au pied du lit de sa maîtresse et attendit ses ordres en silence.

— Jacinthe, relevez un peu les draperies des fenêtres, et me venez mettre sur mon séant.

Jacinthe releva les embrasses des doubles rideaux.

Un joyeux et pétulant rayon de soleil entra vivement dans la chambre, comme un garçon mal élevé mais accoutumé à être bien reçu partout à cause de sa bonne humeur.

— Butorde, pendarde, tu veux donc m'aveugler et me rendre plus noire que le museau d'un ours ou les mains d'une danseuse de corde ! fit Musidora d'une voix mourante ; éteins bien vite cet affreux soleil.

La suivante impassible laissa retomber un ample rideau de mousseline.

— Bien. Maintenant accommode mes oreillers.

Jacinthe en prit deux ou trois, qu'elle fit sauter sur ses bras et qu'elle arrangea par molles assises derrière le dos de sa voluptueuse maîtresse.

— Que désire encore madame? dit Jacinthe, voyant que Musidora n'avait pas fait le geste dont elle la congédiait habituellement.

— Dites à Jack de m'apporter ma chatte anglaise, et faites-moi préparer mon bain.

La porte s'écarta imperceptiblement, et Jacinthe disparut comme elle était entrée.

CHAPITRE III.

Nous croyons qu'il n'est pas inutile de consacrer un chapitre spécial à la chatte de Musidora, charmante bête qui vaut bien après tout le lion d'Androclès, l'araignée de Pelisson, le chien de Montargis et autres animaux vertueux ou savans dont de graves historiens ont éternisé la mémoire.

On dit ordinairement tel chien, tel maître; on pourrait dire aussi telle chatte, telle maîtresse.

La chatte de Musidora était blanche, — mais d'un blanc fabuleux, — bien autrement blanche que le cygne le plus blanc; le lait, l'albâtre, la neige, tout ce qui sert à faire des comparaisons *blanches* depuis le commencement du monde, eût paru noir à côté d'elle; dans les millions de poils imperceptibles dont sa fourrure d'hermine était composée, il n'y en avait pas un seul qui n'eût l'éclat de l'argent le plus pur.

Figurez-vous une grosse houppe à poudrer où l'on aurait ajusté des yeux. Jamais la femme la plus coquette et la plus maniérée n'a mis dans ses mouvemens la grâce et le fini parfait que cette adorable chatte met dans les siens. — Ce sont des ondulations d'échine, des gonflemens de dos, des airs de tête, des tournures de queue, des façons d'avancer et de retirer la patte inimaginables.

Musidora la copie tant qu'elle peut, mais elle en reste bien loin. — Cependant, si imparfaite que soit l'imitation, elle a fait de Musidora une des plus gracieuses femmes de Paris, — c'est-à-dire du monde, car rien n'existe ici-bas que Paris.

Un petit nègre, entièrement vêtu de noir pour rendre le contraste plus frappant, est chargé du soin de cette blanche et discrète personne : il la couche tous les soirs dans son berceau de satin bleu de ciel et va la porter le matin à sa maîtresse quand elle la demande; il est chargé aussi de donner la pâture à madame la chatte, de la peigner, de lui laver les oreilles, de lui lisser les moustaches et de lui mettre son collier, collier de vraies perles fines et d'un très-grand prix.

Quelques vertueux mortels seront sans doute indignés d'un tel luxe pour un simple animal et diront qu'il vaudrait bien mieux, avec tout cet argent, donner du pain aux pauvres ; — d'abord on ne donne pas de pain aux pauvres, on leur donne un sou, — et encore assez rarement; car si tout le monde leur donnait un sou tous les jours, ils seraient bientôt plus riches que des nababs. — Ensuite, nous ferons observer aux honnêtes philanthropes distributeurs de soupes économiques que l'existence de la chatte de Musidora est aussi utile que quoi que ce soit.

Elle fait plaisir à Musidora et l'empêche de souffleter deux ou trois servantes par jour. — Premier bienfait.

Ce petit nègre, qui n'a d'autre travail que le soin de cette bête, serait sans cela à griller au soleil des Antilles, où il serait fouaillé du matin jusqu'au soir, et du soir jusqu'au matin. — Au lieu de cela, il est bien nourri, bien habillé et n'a pour toute besogne qu'à être noir à côté d'une chose blanche. — Second bienfait.

La délicieuse chatte n'a pas de plus grand plaisir que d'aiguiser ses griffes sur la tenture intérieure de son petit boudoir bleu de ciel. Il faut donc lui en faire un neuf à peu près tous les mois. Cela suffit pour payer la pension de deux enfans du tapissier de Musidora. — La France devra donc à une simple chatte blanche un avocat et un médecin. — Troisième bienfait.

Quatrième bienfait. — Trois petits paysans se ramassent de quoi acheter un homme, s'ils tombent à la conscription, en prenant à la glu de petits oiseaux pour le déjeuner et le dîner de la chatte, qui ne voudrait pas les manger s'ils n'étaient tout vifs et tout sautillans.

Cette mignonne et voluptueuse bête, presque aussi cruelle qu'une femme qui s'ennuie, aime à entendre pépier son dîner dans son ventre, et il n'y a rien d'assez vivant pour elle. C'est le seul défaut que nous lui connaissions.

Quant au collier, il a été donné à Musidora par un

général de l'empire, qui l'avait volé en Espagne à une madone noire, sous la forme d'un bracelet, et il a passé sans intermédiaire du bras très-blanc de la jeune fille au col encore plus blanc de la jeune chatte. Nous trouvons un collier de perles beaucoup plus convenable au col velouté d'une jolie chatte qu'autour du cou rouge et pelé d'une vieille Anglaise.

Ceci paraîtra peut-être un hors-d'œuvre à quelques-uns de nos lecteurs ; nous sommes tout à fait de l'avis de ces lecteurs-là. — Mais sans les *hors-d'œuvre* et les *épisodes* comment pourrait-on faire un roman ou un poëme, et ensuite comment pourrait-on les lire ?

CHAPITRE IV.

Lorsque le négrillon eut apporté la chatte blanche et l'eut posée à côté de sa maîtresse, sur l'édredon neigeux, Musidora, tout à fait réveillée, commença à se souvenir d'un certain Fortunio qu'elle avait vu la nuit précédente au souper de Georges.

Les traits de cette image charmante, estompés par le sommeil, se dessinèrent avec netteté au fond de sa mémoire; elle le revit beau, souriant, calme au milieu de ce bruit insensé, aussi inaccessible à l'ivresse qu'à l'amour.

Elle se rappela le pari qu'elle avait fait d'entrer tambours battans, enseignes déployées, dans la forteresse de ce cœur imprenable avant six semaines, et de se chauffer les pieds sur les propres chenets de cet élégant vagabond dont personne ne connaissait le véritable domicile.

La calèche attelée de quatre chevaux gris pommelés avec ses postillons en casaque de satin, son bruit de fouets et ses éclairs de vernis lui passa devant les yeux comme un tourbillon.

Elle frappa de joie dans la paume de ses petites mains, tant elle était sûre du succès; « Ne sera-t-il pas curieux, se dit-elle en riant intérieurement, de promener le Fortunio dans la calèche même qu'il m'aura fait gagner. »

Et, pour ouvrir les hostilités, elle étendit sa main sous l'oreiller et en tira le portefeuille volé, qu'elle avait vainement essayé d'ouvrir la veille.

— J'en viendrai bien à bout, dit-elle en le retournant dans tous les sens ; — une femme qui sent un secret derrière une si mince cloison et qui ne la forcerait pas ! — J'aurais dénoué le nœud gordien sans avoir besoin d'épée comme ce brutal d'Alexandre.

Musidora se dressa tout à fait sur son séant, et avec une activité de belette qui cherche un trou pour fourrer son museau pointu et entrer en quelque resserre pleine de lait et d'œufs frais, elle se mit en quête du secret qui devait ouvrir ce mystérieux portefeuille où se trouvaient sans doute de précieuses indications sur notre héros.

Elle palpa avec ses doigts, plus subtils que des tentacules d'insecte ou des cornes de colimaçon, toutes les nervures et toutes les rugosités de la peau ; elle pressa l'une après l'autre les turquoises et les chrysoprazes dont les deux surfaces extérieures du portefeuille étaient constellées ; elle appuya de toute sa force et jusqu'à le faire ployer son pouce frêle et mince sur les fermoirs pour vaincre la résistance des ressorts ; — autant eût valu essayer d'ouvrir un coffre-fort cerclé de fer.

L'enfant mettait dans sa recherche une telle activité qu'une légère sueur commençait à baigner son front velouté ; depuis bien longtemps elle n'avait autant travaillé.

Enfin, désespérant de pouvoir ouvrir le fidèle portefeuille, elle sonna Jacinthe et se fit donner des ciseaux pour couper un morceau de la couverture et parvenir à retirer par là les lettres et les papiers qui se pouvaient trouver dedans.

Mais la peau du portefeuille ne fut pas même rayée par la pointe des ciseaux fins anglais de Musidora.

C'était une peau de lézard ou de serpent dont Musidora avait pris les écailles imbriquées pour une gaufrure ou une symétrie pratiquée à dessein, plus dure que le cuir d'un paysan ou d'un buffle et qui rendait toute incision impossible.

Pourtant Musidora toucha par hasard le point secret qui faisait ouvrir le portefeuille ; — la couverture s'écarta avec un mouvement brusque et sec comme celui des joujoux à surprise.

L'enfant, effrayée, laissa tomber le portefeuille sur ses genoux, s'attendant à en voir sortir un génie irrité, comme des fioles magiques des contes arabes, ou un aspic assis en spirale sur le bout de sa queue. — Pandore ne regarda pas dans une attitude plus craintive la boîte dont le couvercle, soulevé par elle, laissait échapper à travers une noire fumée tous les maux de la terre.

Cependant, voyant qu'il n'en sortait rien, elle se

rassura et le reprit pour en faire l'examen et procéder à l'inventaire de ses découvertes.

Un parfum exotique et bizarre, plein de senteurs enivrantes, ne ressemblant en rien à aucune odeur connue, se répandit dans toute la chambre et mordit voluptueusement le nerf olfactif de la belle curieuse.

Elle s'arrêta un instant pour aspirer cet arome étrange, puis plongea ses doigts chercheurs dans les différens plis du portefeuille, qui étaient faits d'une soie chinoise ventre de carpe mêlée de reflets dorés et verdâtres.

La première chose qu'elle en tira fut une large fleur singulièrement découpée et dont la couleur semblait avoir disparu depuis longtemps. Cette fleur était la pavetta indica dont parle le docteur Rumphius dans son *Hortus malabaricus*.

Il n'y avait rien là de très-indicatif relativement au seigneur Fortunio.

Musidora amena ensuite une petite tresse de cheveux bleus, entremêlée de fils d'or et terminée à chaque bout par un sequin d'or percé.

Puis une feuille de papier de Chine, toute couverte de caractères bizarres, entrelacés en façon de treillage sur un fond de fleurs argentées. — Il y a tout lieu de croire que c'était quelque épître plaintive de la princesse Yeu-Tseu au volage Fortunio.

Musidora ne savait trop que penser de ce portefeuille, si fantastiquement garni ; toutefois, espérant faire quelque trouvaille plus européenne et plus intelligible, elle vida les deux autres capsules. Il n'en sortit qu'une aiguille d'or rouillée et rougie à sa pointe, et un petit morceau de papyrus, historié d'une grande quantité de barbouillages qui avaient l'air de l'écriture de quelque nation orientale.

La petite, désappointée, lança de colère le portefeuille au beau milieu de la chambre. Hélas ! dit-elle en regardant avec un air de commisération profonde ses jolis doigts tout froissés encore du travail inutile qu'elle leur avait donné, hélas ! je n'aurai pas la calèche, je n'aurai pas Fortunio. — Jacinthe, emporte-moi dans mon bain.

Jacinthe entoura sa maîtresse d'un grand peignoir de mousseline, la prit sur les bras et la souleva comme un enfant malade.

CHAPITRE V.

Musidora est assurément fort contrariée, mais nous le sommes bien autant qu'elle.

Nous comptions beaucoup sur le portefeuille pour donner à nos lecteurs (qu'on nous pardonne cet amour-propre!) des renseignemens exacts sur ce problématique personnage. Nous espérions qu'il y aurait dans ce portefeuille des lettres d'amour, des plans de tragédies, des romans en deux volumes et autres, ou tout au moins des cartes de visite, ainsi que cela doit être dans le portefeuille de tout héros un peu bien situé.

Notre embarras est cruel! Puisque Fortunio est le héros de notre choix, il est bien juste que nous prenions intérêt à lui et que nous désirions connaître toutes ses démarches; il faut que nous en parlions souvent, qu'il domine tous les autres personnages et qu'il arrive mort ou vif au bout de nos trois cents et quelques pages. — Cependant nul héros n'est plus incommode : vous l'attendez, il ne vient pas; vous le tenez, il s'en va sans mot dire, au lieu de faire de beaux discours et de grands raisonnemens en prose poétique, comme son métier de héros de roman lui en impose l'obligation.

Il est beau, c'est vrai; mais, entre nous, je le crois bizarre, malicieux comme une guenon, plein de fatuité et de caprices, plus changeant d'humeur que la lune, plus variable que la peau d'un caméléon; à ces défauts, que nous lui pardonnerions volontiers, il joint celui de ne vouloir rien dire de ses affaires à personne, ce qui est impardonnable. Il se contente de rire, de boire et d'être un homme de belles manières. Il ne disserte pas sur les passions, il ne fait pas de métaphysique de cœur, ne lit pas les romans à la mode, ne raconte, en fait de bonnes fortunes, que des intrigues malaises ou chinoises, qui ne peuvent nuire en rien aux grandes dames du noble faubourg; il ne fait pas les yeux doux à la lune entre la poire et le fromage, et ne parle jamais d'aucune actrice. — Bref! c'est un homme médiocre à qui je ne sais pourquoi tout le monde s'obstine à trouver de l'esprit, et que nous sommes bien fâché d'avoir pris pour principal personnage de notre roman.

Nous avons même bien envie de le laisser là. Si nous prenions Georges à sa place?

Bah! il a l'abominable habitude de se griser matin et soir et quelquefois dans la journée, et aussi un peu dans la nuit; que diriez-vous, madame, d'un héros qui serait toujours ivre et qui parlerait deux heures sur la différence de l'aile droite et de l'aile gauche de la perdrix?

Et Alfred?

Il est trop bête.

Et de Marcilly?

Il ne l'est pas assez.

Nous garderons donc Fortunio, faute de mieux : les premières nouvelles que nous en aurons, nous vous les ferons savoir aussitôt. — Entrons donc, s'il vous plaît, dans la salle de bain de Musidora.

CHAPITRE VI.

La salle de bain de Musidora est de forme octogone, revêtue jusqu'à moitié de sa hauteur en petits carreaux de porcelaine blanche et bleue.

Des peintures en camaïeu vert-clair, représentant des sujets mythologiques, tels que Diane et Calisto, Salmacis et Hermaphrodite, Hylas entraîné par les nymphes, Léda surprise par le cygne, entourées de cadres très-travaillés, avec des roseaux et des plantes marines, sculptés et rehaussés d'argent, sont placées au-dessous des portes couvertes de portières de perse à petites fleurs; des coquillages, des madrépores et des coraux sont rangés sur la corniche et complètent cette décoration aquatique.

Les fenêtres, vitrées de carreaux bleu d'azur et vert-pâle, ne laissent pénétrer dans cette retraite mystérieuse qu'un jour tamisé et voluptueusement affaibli, en sorte que l'on se pourrait croire dans le propre palais d'une ondine ou d'une naïade.

Une belle cuve de marbre blanc, supportée par des griffes dorées, occupe le fond de la salle; en face est disposé un lit de repos.

Musidora vient d'être apportée par Jacinthe jusqu'au bord de la baignoire ; pendant que deux belles filles plongent leurs bras roses dans l'eau tiède et fumante pour que la chaleur soit bien égale à la tête et aux pieds, Musidora se promène dans la chambre, montée sur deux petits patins à la mode turque, et se plaint d'une voix mourante de la lenteur et de la maladresse de ses gens avec une aussi gracieuse impertinence qu'une duchesse du meilleur temps. Enfin elle s'approche de la baignoire, garnie d'un linge d'une finesse admirable, lève lentement sa petite jambe ronde et polie et trempe la pointe de son pied dans l'eau.

— Jacinthe, soutenez-moi, dit-elle en se laissant aller en arrière sur l'épaule de la suivante agenouillée ; je me sens défaillir.

Puis, prenant une voix brève dont la sécheresse ne s'accordait guère avec ses fondantes et précieuses manières :

— Vous voulez donc me faire brûler toute vive et me rendre pour huit jours rouge comme un homard ? — Je suis sûre que j'ôterai la peau de mon pied ce soir avec mon bas, dit-elle en s'adressant aux deux filles de service. — Vous ne saurez donc jamais faire un bain ?

On refroidit le bain.

Musidora hasarda alors son autre jambe, s'agenouilla, les bras croisés sur la poitrine, pareille à l'antique statue de la Pudeur, et finit par s'allonger dans l'eau comme un serpent qu'on force à se dénouer. Alors ce fut une autre plainte : le linge était si gros qu'il l'écorchait et lui gaufrait le dos et les reins ; on n'en faisait jamais d'autre ; — c'était exprès ; —que sais-je? moi : — tout ce que la mauvaise humeur et la curiosité désappointée peuvent inspirer à une jolie femme volontaire et qui n'a jamais été contrariée de sa vie.

Cependant la molle tiédeur du bain assoupit un peu cette colère nerveuse, et Musidora laissa flotter nonchalamment ses beaux bras sur l'eau ; quelquefois elle les relevait et s'amusait avec une curiosité enfantine à voir l'eau se diviser sur sa peau et rouler à droite et à gauche en perles transparentes.

Jacinthe entra et vint se pencher à l'oreille de Musidora. — C'était Arabelle qui demandait à voir Musidora.

— Dites-lui qu'elle entre, fit Musidora en soulevant son corps de manière à le ramener du fond de l'eau à la surface, pour que ses perfections submergées ne fussent plus séparées du regard que par une mince couche de cristal ; car elle savait qu'Arabelle avait dit qu'elle était maigre, et elle n'était pas fâchée de lui donner un éclatant démenti. — En effet, Musidora, par un privilége spécial à ces vivaces organisations, avait à la fois les formes très-frêles et très-potelées.

— Eh bien! divine, comment allez-vous ? dit l'Arabelle en embrassant la Musidora.

— Passablement ; — ma santé devient bonne ; de-

4.

puis quelque temps j'engraisse. Et la vindicative petite fille se souleva encore plus ; — les pointes de sa gorge et un de ses genoux sortirent tout à fait de l'eau.—N'est-ce pas, à me voir habillée, l'on me dirait plus maigre ? continua-t-elle en fixant ses yeux de chatte sur l'Arabelle, qui ne put s'empêcher de rougir un peu.

— Sans doute, vous êtes grasse comme un petit ortolan roulé dans sa barde de lard.—C'est une charmante surprise que vous gardez là à vos favorisés. — On est ordinairement trompé en sens inverse.— Mais vous ne savez pas ce qui m'amène ?

— Non, et vous ? dit Musidora en souriant.

— D'abord, le plaisir de vous voir.

— Et puis quoi? car ce serait un pauvre motif.

— Je viens vous annoncer une chose absurde, inimaginable, folle, impossible, et qui renverse toutes les idées reçues ; — si je croyais au diable, je dirais que c'est le diable en personne.

— Auriez-vous en effet vu le diable, Arabelle ; présentez-moi à lui puisque vous le connaissez, dit Musidora d'un air demi-incrédule ; il y a longtemps que j'ai envie de me rencontrer avec lui.

— Vous savez bien les pantoufles de la princesse chinoise que Fortunio m'avait promises ? eh bien ! je les ai trouvées, comme il me l'avait dit, sur la peau de tigre qui est au pied de mon lit. Toutes les portes étaient fermées ; et celle de ma chambre à coucher ne s'ouvre qu'avec une combinaison connue de moi seule; n'est-ce pas étrange ? — Fortunio est un démon en habit noir et en gants blancs. — Comment a-t-il fait pour passer par le trou de la serrure avec ses pantoufles ?

— Il y a peut-être quelque porte dérobée dont un de tes amans congédiés lui aura donné le secret, fit la Musidora avec un petit sourire venimeux.

— Non, cette chambre est celle où je serre mes diamans et mes bijoux; elle n'a qu'une issue que j'avais soigneusement fermée en sortant pour aller au souper de Georges. Comprends-tu cela? En attendant, voici les pantoufles.

Arabelle tira de sa poitrine deux petits souliers bizarrement brodés d'or et de perles, du caprice le plus chinois, de la gentillesse la plus folle que l'on puisse imaginer.

— Mais ce sont de vraies perles et du plus bel Orient, dit Musidora en examinant les babouches; c'est un cadeau plus précieux que tu ne le penses.

— Regarde ces deux perles; celles de Cléopâtre n'étaient ni plus pures ni plus rondes.

— Le seigneur Fortunio est vraiment d'une magnificence tout à fait asiatique; mais il est aussi invisible qu'un roi oriental; il ne se montre qu'à ses jours. Je crains, ma chère Musidora, que tu ne perdes ton pari.

— J'en ai bien peur aussi, Arabelle;—j'avais feint de m'endormir et profité d'un moment de distraction de Fortunio, qui ne se défiait pas de moi, pour lui enlever son portefeuille, dont les angles se révélaient à travers son habit. D'abord le maudit portefeuille ne voulait pas s'ouvrir, et j'ai bien passé deux heures à trouver le mystérieux *sésame* qui devait faire tourner les ressorts sur eux-mêmes et me livrer les précieux secrets, si soigneusement gardés ; mais, comme si Fortunio eût deviné mes intentions, je n'ai trouvé qu'une fleur desséchée, une aiguille et deux chiffons de papier noircis du plus affreux grimoire. N'est-ce pas la plus sanglante dérision du monde?

—Ne pourrait-on pas voir le portefeuille? dit l'Arabelle.

—Oh! mon Dieu si, je l'ai jeté de colère au milieu de ma chambre ; Jacinthe, va le chercher.

Jacinthe revint avec l'hiéroglyphique portefeuille.

L'Arabelle le flaira, le retourna, le visita dans les plus intimes recoins et n'y put rien découvrir de neuf ; elle resta pensive quelques instans, le tenant toujours entre ses blanches mains, et, après une pause :

—Musidora, dit-elle, il me vient une idée ; ces papiers doivent être écrits dans une langue quelconque ; il faut aller au Collége de France : il y a là des professeurs pour toutes les langues qui n'existent pas ; nous trouverons bien parmi ces messieurs, qu'on dit si savans, l'explication de l'énigme.

—Jacinthe! Marie! Annette! venez vite me tirer de cette cuve où je moisis depuis une mortelle heure ; il me pousse déjà des lentilles d'eau sur les bras, et mes cheveux deviennent glauques comme ceux d'une nymphe marine, dit la Musidora en se dressant tout debout dans sa baignoire. — Les gouttes d'eau étincelantes suspendues à son corps lui faisaient comme un réseau de perles. — Elle était charmante ainsi. — Avec sa peau légèrement surprise par les baisers de l'air, ses cheveux pâles allongés par l'humidité, pleurant sur son dos et ses épaules, et son visage doucement rosé de la moite vapeur du bain, elle avait l'air d'une sylphide sortant, au premier rayon de lune, du cœur de la campanule qui lui a servi de refuge pendant le jour.

Les servantes accoururent, épongèrent sur son corps les derniers pleurs de la naïade, l'enveloppèrent précieusement dans un large peignoir de cachemire, sur lequel on jeta encore un grand châle turc; lui mirent aux pieds d'élégantes pantoufles fourrées en duvet de cygne, et Musidora, appuyée sur l'épaule de la cameriste Jacinthe, passa dans son cabinet de toilette avec son amie Arabelle.

On la peigna, on la parfuma, on lui mit une chemise garnie d'une admirable valencienne, on la chaussa, on lui passa pièce à pièce tous ses vêtemens sans qu'elle s'aidât le moins du monde; mais lorsque les femmes de chambre eurent fini, elle se leva, se plaça debout devant la glace de la psyché, et, comme un maître qui pose çà et là quelque touche sur l'ouvrage exécuté d'après ses dessins par un de ses élèves, elle dénoua un bout de ruban, fit prendre une autre forme à un pli, passa ses doigts effilés dans les touffes de ses cheveux pour en déranger la trop exacte symétrie, et donna de l'accent, de la vie et une tournure poétique à l'œuvre morte de ses femmes.

Cela fait, l'on déjeuna à la hâte, et Jack vint annoncer que la voiture attendait madame.

Nous ne commencerons pas le chapitre suivant et nous ne monterons pas en voiture sans avoir dit quelle était la toilette de Musidora.

Musidora avait une robe de mousseline des Indes blanche, à manches très-justes, un chapeau de paille de riz avec une gerbe de petites fleurs naines d'une délicatesse et d'une légèreté idéales ; — une *baüte* vénitienne en dentelles noires, gracieusement jetée sur les épaules, un peu serrée à la taille, faisait ressortir admirablement l'abondance et la richesse des plis de la robe, qui s'allongeaient comme des tuyaux de marbre jusque sur les plus petits pieds du monde; ajoutez à cela un collier de jais à gros grains, des mitaines de filet noir et une petite montre plus mince qu'une pièce de cinq francs, suspendue par une simple tresse de soie, vous saurez d'un bout à l'autre la toilette de la Musidora; — chose au moins aussi importante à connaître que l'année précise de la mort du Pharaon Amenoteph.

CHAPITRE VII.

La voiture s'arrêta devant une maison de médiocre apparence, dans une rue détournée et solitaire.

Vous connaissez ces maisons du siècle dernier qui n'ont pas été touchées depuis leur fondation, et que l'avarice de leurs propriétaires laisse lentement tomber en ruine.

Ce sont des murailles grises que la pluie a vermiculées et qui sont frappées çà et là de larges taches de mousse jaune, comme le tronc des vieux frênes : le bas en est vert comme un marécage au printemps, et l'on pourrait composer une flore spéciale de toutes les herbes qui y poussent.

L'ardoise du toit n'a plus de couleur ; le bois de la porte se dissout en poussière et semble près de voler en éclats au moindre coup de marteau. De fausses fenêtres, autrefois barbouillées en noir pour simuler les carreaux et dont la peinture a coulé du second étage jusqu'au premier, montrent que l'on a fait, en bâtissant la maison, les efforts les moins heureux pour atteindre à la symétrie.

Une girouette de fer-blanc découpé, où l'on voit un chasseur qui tire un coup de fusil à un lièvre, grince à l'angle du toit et couronne dignement la somptuosité de l'édifice.

Le groom abattit le marchepied et frappa à la porte un coup magistral qui faillit l'effondrer.

La portière, effarée de surprise, passa la tête par un carreau cassé qui lui servait de vasistas et de guichet.

La tête de la portière tenait à la fois du mufle, de la hure et du groin ; son nez, d'un cramoisi violent, taillé en forme de bouchon de carafe, était tout diapré d'étincelantes bubelettes ; ces verrues, ornées chacune de trois ou quatre poils blancs, d'une raideur et d'une longueur démesurée, pareils à ceux qui hérissent le museau des hippopotames, donnaient à ce nez l'air d'un goupillon à distribuer l'eau bénite ; ses deux joues, traversées de fibrilles rouges et martelées de plaques jaunes, ne ressemblaient pas mal à deux feuilles de vigne safranées par l'automne et grillées par la gelée ; un petit œil vairon, affreusement écarquillé, tremblotait au fond de son orbite comme une chandelle au fond d'une cuve ; une espèce de croc, d'un ivoire douteux, relevait le coin de sa lèvre supérieure en manière de défense de sanglier et complétait le charme de cette physionomie ; les barbes de son bonnet, flasques et plissées comme des oreilles d'éléphant, tombaient nonchalamment le long de ses mâchoires peaussues et encadraient convenablement le tout.

Musidora ne fut pas éloignée d'avoir peur à la vue

de cette Méduse grotesque qui fixait sur elle deux prunelles d'un gris sale toutes pétillantes d'interrogation.

— M. V*** est-il chez lui? demanda l'Arabelle.

— Certainement, madame, qu'il y est; il ne sort jamais qu'aux heures de sa leçon, ce pauvre cher homme, un homme bien savant, et qui ne fait pas plus de train dans la maison qu'une souris privée.
—C'est au fond de la cour, l'escalier à gauche, au second, la porte où il y a un pied de biche; — il n'y a pas à se tromper.

La Musidora et l'Arabelle traversèrent la cour en relevant le bas de leur robe comme si elles eussent marché dans une prairie mouillée de rosée; — l'herbe poussait entre les fentes des pavés aussi librement qu'en pleine terre.

Mais, voyant qu'elles hésitaient, l'affreux dogue coiffé sortit de sa loge et s'avança vers elles en se dandinant et en traînant la jambe comme un faucheux blessé.

— Par ici, mesdames, par ici, voilà le chemin au milieu. C'est que ce n'est pas ici une de ces maisons qui sont comme des *républiques*, où l'on ne fait qu'aller et venir. Il n'y a pourtant pas plus de six semaines que j'ai gratté tout le pavé avec un outil, même que j'en ai mes pauvres mains pleines de durillons. Est-ce que vous seriez parentes de M. V***?

Musidora fit un signe négatif.

— C'est que je lui avais entendu dire qu'il avait

des parentes en province qui devaient venir à Paris.

On était arrivé devant la porte de M. V***, et comme ni Arabelle ni Musidora ne lui avaient répondu, l'animal visqueux et gluant empoigna la rampe et se laissa couler en grommelant jusqu'au bas de l'escalier, s'en rapportant à la discrétion de mademoiselle Césarine, gouvernante du savant, pour de plus amples informations.

Arabelle tira le pied de biche.

Un kling-klang éraillé et grêle, provenant d'une sonnette fêlée, se fit entendre dans les profondeurs mystérieuses de l'appartement; deux ou trois portes s'ouvrirent et se refermèrent dans le lointain; une toux sèche se fit entendre, et un bruit de pas alourdis s'approcha de la porte. — Ce fut encore pendant quelques minutes un bruit de clés et de ferraille, de verroux tirés, de cadenas ouverts; puis la porte, légèrement entrebâillée, donna passage au nez pointu et inquisiteur de mademoiselle Césarine, beauté hors d'âge et ne marquant plus depuis longtemps.

A la vue des deux jeunes femmes, sa physionomie prit soudainement une expression revêche, tempérée cependant par le respect que lui inspirait l'éclat de la chaîne d'or qu'Arabelle portait à son cou.

— Nous voudrions parler à monsieur V***.

La vieille fille ouvrit la porte tout à fait et introduisit nos deux belles dans une antichambre servant aussi de salle à manger, tapissée d'un papier vert jaspé, ornée de gravures encadrées représentant les quatre saisons et d'un baromètre enveloppé d'une chemise de gaze pour le préserver des mouches. Un poêle de faïence blanche dont le tuyau allait s'enfoncer dans le mur opposé, une table en noyer et quelques chaises foncées de paille formaient tout l'ameublement ; de petits ronds de toile cirée étaient placés devant chaque siége pour ménager la couleur rouge du carreau, et une bande de tapisserie allait de la porte d'entrée à la porte de l'autre chambre, aussi dans le but de conserver la précieuse couche d'ocre de Prusse, si soigneusement cirée et passée au torchon par Césarine.

Césarine recommanda aux deux jeunes femmes de suivre la bande de tapisserie, ce qui fit sourire Musidora, qui était plutôt préoccupée de l'idée de ne pas salir ses souliers que de celle de ne pas salir le parquet.

La seconde pièce était un salon tendu de jaune avec un meuble en vieux velours d'Utrecht également jaune et dont les dossiers limés et râpés prouvaient de longs et loyaux services. Les bustes de Voltaire et de Rousseau en biscuit ornaient la cheminée, conjointement avec une paire de flambeaux de cuivre doré garnis de bougies, et une pendule dont le sujet était le Temps faisant passer l'Amour, ou l'Amour faisant passer le Temps, je ne sais trop lequel.

Le portrait de M. V*** à l'huile et celui de madame sa femme (heureusement trépassée), en grande toilette de 1810, faisaient de ce salon l'endroit le plus splendide de l'appartement, et Césarine elle-même, troublée de tant de magnificence, ne le traversait qu'avec un certain respect intérieur, quoique depuis longtemps elle dût être familiarisée avec ses splendeurs.

La douagna pria les deux visiteuses d'avoir la bonté d'attendre quelques minutes et qu'elle allait prévenir monsieur, qui était enfermé dans son cabinet, occupé, selon son habitude, de recherches savantes.

Il était debout devant la cheminée, dans l'attitude de la plus véhémente contemplation ; il tenait entre le pouce et l'index un petit morceau d'échaudé dont il faisait tomber de temps en temps quelques miettes dans un bocal rempli d'une eau claire et diamantée, où se jouaient trois poissons rouges. Le fond du vase était garni de sable fin et de coquilles.

Un rayon de jour traversait ce globe cristallin, que les mouvemens des trois poissons nuançaient de teintes enflammées et changeantes comme l'iris du prisme ; c'était réellement un très-beau spectacle, et un coloriste n'eût pas dédaigné d'étudier ces jeux de lumière et ces reflets étincelans, mais M. V*** ne faisait nullement attention à l'or, à l'argent et à la pourpre dont le frétillement des poissons teignait tour à tour la prison diaphane qui les enfermait.

— Césarine, dit-il avec l'air le plus sérieux et le

plus solennel du monde, le gros rouge est trop vorace, il avale tout et empêche les autres de profiter ; il faudra le mettre dans un bocal à part.

C'était à ces graves occupations que M. V***, professeur de chinois et de mantchou, passait régulièrement trois heures par jour, soigneusement enfermé dans son cabinet, comme s'il eût commenté les préceptes de la sagesse du célèbre Kong-fou-Tsée ou le Traité de l'éducation des vers à soie.

— Il s'agit bien des poissons rouges et de leurs querelles, dit Césarine d'un ton sec; il y a dans le salon deux dames qui veulent vous parler.

— A moi, deux dames, Césarine? s'écria le savant alarmé, en portant une main à sa perruque et l'autre à son haut-de-chausses, qui, trop négligemment attaché, laissait apercevoir la chemise entre la ceinture et le gilet comme par un crevé à l'espagnole; deux dames jolies, jeunes? je ne suis guère présentable. — Césarine, donne-moi ma robe de chambre. — Ce sont sans doute des duchesses qui auront lu mon traité sur la ponctuation du mantchou et qui seront devenues amoureuses de moi.

Il fourra, en tremblant de précipitation, ses maigres bras dans les vastes manches de la houppelande et se dirigea vers le salon.

En voyant Arabelle et Musidora, le vieux savant, ébloui, renforça sa perruque jusque sur ses yeux et leur fit trois saluts, qu'il s'efforça de rendre les plus gracieux possible.

— Monsieur, lui dit Musidora, il n'est bruit dans toute la France et dans toute l'Europe que de votre immense savoir.

— Mademoiselle, vous êtes bien bonne, dit le professeur, qui rougit de plaisir comme un coquelicot.

— L'on dit, continua l'Arabelle, qu'il n'y a personne au monde qui soit plus versé dans la connaissance des langues orientales et qui lise plus couramment ces mystérieux caractères hiéroglyphiques dont la connaissance est réservée aux sagacités les plus érudites.

— Sans me flatter, je sais du chinois autant qu'homme de France. Madame a-t-elle lu mon traité sur la ponctuation mantchoue?

— Non, répondit Arabelle.

— Et vous, mademoiselle? fit le savant en se tournant vers Musidora.

— Je l'ai parcouru, dit-elle en comprimant avec peine un éclat de rire. C'est un ouvrage très-savant et qui fait honneur au siècle qui l'a produit.

—Ainsi, reprit le savant, bouffi d'orgueil et faisant la roue dans sa gloire, vous partagez mon avis sur la position de l'accent tonique?

—Complétement, répondit Musidora; mais ce n'est pas cela qui nous amène.

— Au fait, dit le savant, que voulez-vous de moi, mesdames, et en quoi puis-je vous obliger? — Je ferais tout au monde pour être agréable à d'aussi charmantes personnes.

— Monsieur, fit Musidora en présentant au sinologue le portefeuille qu'elle tenait sous sa mantille, si ce n'était abuser de votre complaisance et de votre savoir, nous désirerions avoir la traduction de ces deux papiers.

Le savant prit les deux feuilles que lui tendait Musidora et dit avec un air capable :

— Ceci est du véritable papier de Chine, et ceci du papyrus authentique.

Puis il arbora sur son vénérable nez une majestueuse paire de lunettes. Mais il ne put déchiffrer un seul mot. Il se tourmentait considérablement sans avancer pour cela dans sa lecture.

— Mesdames, je suis désolé, dit-il en rendant le portefeuille à Musidora ; cette écriture entrelacée est vraiment indéchiffrable. — Tout ce que je puis vous dire, c'est que ces caractères sont chinois et tracés par une main très-exercée. — Vous savez, mesdames, qu'il y a quarante mille signes dans l'alphabet chinois correspondant chacun à un mot : quoique j'aie travaillé toute ma vie, je ne connais encore que les vingt premiers mille. Il faut quarante ans à un naturel du pays pour apprendre à lire. Sans doute les idées contenues dans cette lettre sont exprimées avec des signes que je n'ai pas encore appris et qui appartiennent aux vingt derniers mille. — Quant à l'autre papier, c'est de l'indostani. M. G*** vous traduira cela au courant de la plume.

Musidora et sa compagne se retirèrent très-désappointées. Leur visite chez M. C*** fut aussi inutile, par l'excellente raison que M. C*** n'avait jamais su d'autre langue que la langue eskuara, ou patois basque, qu'il enseignait à un Allemand naïf, seul élève de son cours.

M. V*** n'avait de chinois qu'un paravent et deux tasses ; mais en revanche il parlait très-couramment le bas-breton et réussissait dans l'éducation des poissons rouges.

Ces deux messieurs étaient du reste deux très-honnêtes gens, qui avaient eu la précieuse idée d'inventer une langue pour la professer aux frais du gouvernement.

En passant sur une place, Arabelle vit des jongleurs indiens qui faisaient des tours sur un méchant tapis. Ils jetaient en l'air des boules de cuivre, avalaient des lames de sabre de trente pouces de longueur, mâchaient de la filasse et rendaient de la flamme par le nez comme des dragons fabuleux.

— Musidora, dit Arabelle, ordonne à ton groom de faire approcher un de ces coquins basanés ; il en saura peut-être plus sur l'indostani que les professeurs du collége de France.

Un des jongleurs, sur l'injonction du groom, s'approcha de la voiture en faisant la roue sur les pieds et sur les mains.

— Drôle, dit Arabelle, un louis pour toi si tu lis ce papier, qui est écrit en indostani.

— Madame, excusez-moi, je suis Normand, Indien

de mon métier, et je n'ai jamais su lire en aucune langue.

— Va-t'en au diable, dit Musidora en lui jetant cinq francs.

L'Indien de contrebande la remercia, en faisant un magnifique saut périlleux, et fut rejoindre ses compagnons, frottés de jus de réglisse.

La voiture prit le chemin du boulevard.

A la porte d'un bazar, un jeune homme avec une figure jaune d'or, des yeux épanouis au milieu de sa pâleur comme de mystérieuses fleurs noires, le nez courbé, les cheveux plats et bleuâtres, tous les signes de race asiatique, était assis mélancoliquement derrière une petite table chargée de deux ou trois livres de dattes, d'une demi-douzaine de cocos et d'une paire de balances.

Il était impossible de voir rien de plus triste et de plus évidemment frappé de nostalgie que ce pauvre diable, ramassé en boule sous un maigre rayon de soleil. — Sans doute il pensait aux rives verdoyantes de l'Hoogly, à la grande pagode de Jaggernaut, aux danses des Bibiaderi, dans les chauderies et à la porte des palais; il se berçait dans quelque inexprimable rêverie orientale, toute pleine de reflets d'or, imprégnée de parfums étranges et retentissante de bruits joyeux, car il tressaillit comme un homme qu'on réveille en sursaut lorsque le groom de Musidora lui fit signe que sa maîtresse voulait lui parler.

Il arriva avec sa petite boutique suspendue à son

5.

cou et fit un salut profond aux deux jeunes femmes en portant les mains à sa tête.

— Lis-nous ceci, dit Musidora en lui présentant le papyrus.

Le marchand de dattes prit la feuille qu'on lui tendait et lut avec un accent singulier et profond ces caractères qui avaient résisté aux lunettes de deux savans.

Musidora palpitait de curiosité inquiète.

— Excusez-moi, madame, dit le marchand en essuyant une larme qui debordait de ses yeux noirs. Je suis le fils d'un rajah; des malheurs trop longs à vous raconter m'ont fait quitter mon pays et réduit à la position où vous me voyez. Il y a six ans que je n'ai entendu ou lu un mot de ma langue; c'est le premier bonheur que j'aie éprouvé depuis bien longtemps. Ce papyrus contient une chanson qui a trois couplets; elle se chante sur un air populaire dans notre pays. Voici ce que ces vers signifient :

> Les papillons, couleur de neige,
> Volent par essaims sur la mer.
> Beaux papillons blancs, quand pourrai-je
> Prendre le bleu chemin de l'air ?

> Savez-vous, ô belle des belles !
> Ma bayadère aux yeux de jais,
> S'ils me voulaient prêter leurs ailes,
> Dites, savez-vous où j'irais ?

> Sans prendre un seul baiser aux roses,
> A travers vallons et forêts,
> J'irais à vos lèvres mi-closes,
> Fleur de mon âme, et j'y mourrais.

Musidora donna sa bourse au marchand de dattes, qui lui baisa la main avec l'adoration la plus profonde.

— Je vais retourner dans mon pays. Que Bramah veille sur vous et vous comble de biens, dit le rajah dépossédé.

Musidora, après avoir mis Arabelle chez son amant, rentra dans sa maison aussi peu instruite qu'elle en était sortie, le cerveau travaillé de la plus irritante curiosité et le cœur bouleversé par un commencement de passion sincère. Elle n'avait plus aucun moyen de trouver la trace du Fortunio. Georges, qui paraissait en savoir sur son compte beaucoup plus long qu'un autre, était muet comme Harpocrate, le dieu du silence, et ne pouvait d'ailleurs aider Musidora à lui gagner la calèche.

Fortunio, Fortunio, as-tu donc à ton doigt l'anneau de Gygès, qui rend invisible à volonté?

CHAPITRE VIII.

Le lendemain, on apporta une lettre à Musidora. — Le cachet était une espèce de talisman arabe. — Musidora ne connaissait pas l'écriture, qui était fine, singulière, avec des attitudes et des jambages compliqués comme une écriture étrangère ; elle fit sauter la cire et lut ce qui suit :

« Mon gracieux petit démon,

» Vous avez *effarouché* mon portefeuille avec une adresse admirable et qui fait le plus grand honneur à vos talens de société. — Je suis fâché, mon cher ange, qu'il ne s'y soit pas trouvé quelques billets de mille francs pour vous dédommager de la peine que vous devez avoir prise pour l'ouvrir. — Votre curiosité n'a pas dû être très-satisfaite ; mais que diable ! je ne pouvais pas prévoir que vous m'escamoteriez mon portefeuille cette nuit-là ; on ne peut pas songer à tout. — Sans cela je l'aurais abondamment garni de billets doux, de lettres confidentielles, d'actes civils, de cartes de visites et autres renseignemens. — Je vous recommande seulement de prendre bien garde à l'aiguille d'or. — La pointe en a été trempée dans le lait vénéneux de l'euphorbe : la moindre piqûre donne la mort sur-le-champ avec la rapidité de la foudre; cette aiguille est une arme plus terrible que le pistolet et le poignard, elle ne manque jamais son coup.

» *P. S.* Faites détacher les pierres dont la couverture est ornée; elles ont quelque prix : ce sont des topazes qui m'ont été données autrefois par le rajah de Serendib : il y a de quoi vous faire un bracelet qui ne déparera pas trop votre charmant petit bras. — Mon joaillier ordinaire est le fameux B***; vous aurez soin de ne pas payer la monture.

» Je vous baise les pieds et les mains.

» FORTUNIO. »

CHAPITRE IX.

Musidora est couchée sur son sofa.

Un peignoir de gros de Naples rose se plisse négligemment autour de sa taille ; elle a les jambes nues, par un raffinement de coquetterie, et porte deux cercles d'or émaillé au-dessus de la cheville. L'effet de ces anneaux est étrange et charmant.

La position de Musidora eût fourni à un peintre le sujet d'un délicieux caprice.

Sa petite tête, roulée dans ses cheveux, repose sur une pile de coussins ; ses pieds mignons sont allongés sur une autre pile de carreaux à peu près au niveau de sa tête, en sorte que son corps décrit un arc voluptueux d'une souplesse et d'une grâce admirables.

Elle tient dans ses mains la lettre de Fortunio, qu'elle regarde depuis un quart d'heure avec la plus grande fixité d'attention, comme si la forme des caractères et la disposition des lignes devaient lui révéler le secret qu'elle poursuit.

Musidora éprouve une émotion qu'elle n'a jamais ressentie. — Elle a voulu une chose, et elle ne l'a pas eue. — C'est la première fois de sa vie qu'elle se trouve face à face avec un obstacle. Son étonnement est au comble : elle Musidora, si enviée, si courtisée, si suppliée, la reine de ce monde élégant et joyeux, avoir fait des avances aussi formelles sans le moindre succès ! Quelle révolution étrange.... — Un instant elle se sentit contre Fortunio une rage indicible, une véhémence de haine extraordinaire, et il ne s'en fallut pas de l'épaisseur d'un de ses cheveux si fins qu'elle ne devînt sa mortelle ennemie.

L'extrême beauté de Fortunio le sauva : la colère de Musidora ne put tenir contre cette merveilleuse perfection de formes. Les lignes enjouées et sereines de cette noble figure apaisèrent dans le cœur de l'enfant tout sentiment mauvais, et elle se prit à l'aimer avec une violence sans pareille et dont elle ne soupçonnait pas elle-même toute l'étendue.

Si la curiosité n'avait pas avivé ce naissant amour comme une haleine qui passe sur un brasier à demi allumé, il se serait peut-être éteint avec les dernières fumées de l'orgie. — Couronné de succès, la satiété l'eût bientôt suivi ; — mais avec l'obstacle et le désir, l'étincelle est devenue un incendie.

Musidora n'a plus qu'une idée, — trouver Fortunio et s'en faire aimer. — A cette idée se joint sourdement un commencement de jalousie. — A qui cette tresse de cheveux ? Quelle main a donné cette fleur conservée depuis si longtemps ? — Pour qui ont été faits ces vers, traduits par le rajah marchand de dattes ?

— De quoi vais-je m'inquiéter, dit Musidora tout

haut ; il y a trois ans que Fortunio est revenu des Indes.

Puis une idée soudaine lui illumina la cervelle. — Elle sonna. — Jacinthe parut.

—Jacinthe, faites sauter les pierres de ce portefeuille et portez-les au joaillier B***, de la part du marquis Fortunio. Dites-lui qu'il les monte en bracelet, et tâchez de le faire causer sur le comte du marquis. — Je vous donnerai cette robe gris de perle dont vous avez tant envie.

Jacinthe revint la mine assez piteuse.

— Eh bien! fit Musidora en se soulevant.

— Le joaillier a dit que M. le marquis Fortunio venait souvent à sa boutique lui apporter des pierreries à enchâsser ; qu'il revenait les prendre lui-même au jour fixé, le payait toujours comptant, et que du reste il était excellent lapidaire et se connaissait mieux que lui en joyaux. — Il ne savait rien de plus. — Aurai-je la robe grise? dit la Jacinthe, assez alarmée du peu de succès de sa diplomatie.

— Oui, ne me romps pas la tête, de grâce, et laisse-moi seule.

Jacinthe se retira.

Musidora se remit à regarder sa lettre. Elle trouvait un indicible plaisir à contempler ces signes capricieux tracés par la main de Fortunio ; il lui semblait voir dans ce billet écrit pour la prévenir d'un danger une inquiétude amoureuse déguisée sous une forme enjouée, et un secret besoin de s'occuper d'elle ressenti vaguement; peut-être même l'aiguille empoisonnée n'était-elle qu'un prétexte et pas autre chose.

Elle s'arrêta quelques minutes à cette idée, qui flattait sa passion ; mais elle vit bientôt que cette espérance était illusoire et que si Fortunio se fût senti le moindre goût à son endroit, il n'y avait aucune nécessité pour lui de recourir à ce subterfuge. Elle avait laissé trop clairement paraître son émotion pour qu'un homme tel que Fortunio eût pu s'y tromper. — Il était impossible de s'y méprendre ; — Fortunio, avec toute la politesse imaginable, avait évité l'engagement et paraissait peu curieux de nouer une intrigue ; mais comment expliquer une telle froideur dans un jeune homme dont l'œil étincelait d'une si vive splendeur magnétique et qui portait en lui les signes des passions les plus fougueuses. — Il fallait qu'il eût dans quelque recoin de son cœur un amour idéal, poétique, planant bien au-dessus des amours vulgaires, et que toutes les forces de son âme fussent absorbées par un sentiment unique et profond qui gardât son corps de la séduction des sens, pour n'avoir pas été allumé par des agaceries qui eussent agité dans leur tombeau la cendre de Nestor et de Priam, et fait fondre les neiges d'Hippolyte lui-même.

— Ah ! dit Musidora avec un soupir, — il me méprise, il me regarde comme une *impure;* il ne veut pas de moi. Et Musidora jeta dans sa vie passée un regard lent et sombre. — Les fils d'or qui rayaient ses prunelles vertes parurent se tordre comme des serpens ; ses sourcils veloutés se rapprochèrent comme pour une lutte ; elle gonfla ses narines avec un mouvement terrible, et mordit avec ses petites dents sa lèvre inférieure.

— Que sais-je ? moi, ce qu'ils auront été lui débiter sur mon compte.— Georges, cet animal, cet ivrogne, qui n'est bon qu'à faire des bouteilles vides avec des bouteilles pleines, triste talent ! n'aura pas manqué de lui dire avec son ricanement insupportable : «Ha! ha! hi! hi! la Musidora, une délicieuse, une incomparable fille, c'est la perle des soupers, l'œil de toutes les fêtes, le bouquet de tous les bals ; elle est très à la mode, ma parole d'honneur, tu feras bien de la prendre. Il est de bon air de la montrer à l'Opéra ou aux courses. Moi qui te parle, je l'ai eue trois mois, un jeune homme de bon ton se doit cela. Musidora est une puissance dans son genre ; elle fait autorité sur toutes les matières d'élégance. Il lui plairait demain de prendre pour amant un provincial avec des gants de fil d'Écosse et des souliers lacés que demain les souliers lacés du provincial seraient réputés bottes vernies et que beaucoup de gens iraient s'en commander de pareils.» Je l'entends d'ici, et je suis sûre que je ne me trompe pas d'un mot. Et Alfred, cet autre imbécile toujours pris dans sa cravate, et dont les manches retiennent les bras, quelle plate plaisanterie aura-t-il décochée sur moi du haut de son niais sourire ? Et de Marcilly et tous ; je voudrais les écraser sous mes pieds et leur cracher mon mépris à la figure ; car ce sont eux qui m'ont faite ce que je suis. Peut-être ont-ils prévenu Fortunio de cette stupide gageure ; si, au moins tes chevaux gris pommelés avaient l'esprit de prendre le mors aux dents et de te casser le cou dans un fossé, damné Georges ! Mais je m'irrite contre Georges bien inutilement ; est-ce que Fortunio aurait eu besoin de ses indiscrétions pour deviner qui je suis et voir toute ma vie d'un regard. — Pardieu, Georges a raison, je suis une délicieuse, une incomparable fille. — Non, dit-elle après un silence, je suis une honnête femme. — J'aime.

Elle se leva, embrassa la lettre de Fortunio, la serra sur son cœur et fit défendre sa porte à tout le monde.

CHAPITRE X.

La ménagerie des lions et des tigres commence à s'inquiéter de Musidora.

On ne sait qu'en penser, on ne la voit nulle part. — Alfred, qui est partout en même temps et semble avoir le don de se dédoubler, ne l'a pas rencontrée une seule fois depuis quinze jours.

Les chiens sont dépistés ; ils ont beau rôder sur les promenades le nez en terre cherchant la trace. — On a donné un concert, un bal et une première représentation, — elle n'y était pas.

Personne n'a aperçu l'ombre de sa robe. — Elle est allée à la campagne ? ce n'est pas encore la saison. — De Marcilly prétend qu'elle fait l'amour dans quelque mansarde avec un commis voyageur. Georges affirme qu'elle s'est fait enlever par l'ambassadeur turc. — Alfred se contente de dire que c'est étrange, fort étrange, excessivement étrange, phrase sacramentelle qu'il appelle à son secours toutes les fois qu'il ne sait pas ce qu'il doit penser d'une chose.

Le fait est que voilà deux semaines que l'on n'a vu Musidora.

Sa maison a l'air inhabitée et morte ; les jalousies

sont fermées soigneusement. On ne voit entrer ni sortir personne ; c'est à peine si un valet, à mine contrite et discrète, se glisse sur la pointe du pied par la porte entrebâillée et refermée aussitôt. — Le soir, les fenêtres, ordinairement si flamboyantes, ne s'allument plus aux feux des lustres et des bougies ; une pâle étoile de lumière, assoupie par l'épaisseur des rideaux, tremblotte tristement au coin d'un carreau ; c'est le seul signe de vie que l'on puisse surprendre sur la face noire de la maison.

Enfin Georges, ennuyé de l'absence de sa favorite, se dit un beau soir, en sortant de l'Opéra : « Pardieu, il faut absolument que je sache ce que devient la Musidora. — Je consens à me faire voir au bois de Boulogne sur un cheval de louage, à porter des bottes cirées à l'œuf, à toutes les choses les plus humiliantes, si je ne parviens pas à forcer la consigne. »

Georges se dirigea vers la maison de Musidora.

Le concierge, qui avait reçu les ordres les plus formels de ne laisser monter personne, voulut s'opposer au passage de Georges.

— Ah ça ! drôle, fit Georges, en lui appliquant sur la figure une charmante petite canne en corne de rhinocéros, est-ce que tu me prends pour M. le baron de B*** ? et il continua son chemin d'un pas délibéré.

Il parvint sans encombre jusqu'au premier salon, où il trouva Jacinthe, qu'il embrassa résolument, puis tournant le bouton d'une petite porte qu'il paraissait bien connaître, il entra dans la chambre de Musidora.

Il s'arrêta quelques instans avant de parler et chercha de l'œil où pouvait être Musidora. La petite lampe étrusque était seule allumée et ne jetait qu'une lueur pâle et tremblante, suffisante tout au plus pour distinguer les objets.

Quand ses yeux se furent accoutumés à cette faible lumière, il aperçut Musidora étendue à plat ventre sur le plancher, la tête appuyée dans sa main, ses deux seins faisant ployer les longues laines du tapis et s'y creusant comme deux moules, dans une attitude rappelant tout à fait celle de la Madeleine du Corrége. Deux mèches de ses cheveux débouclés tombaient jusqu'à terre et accompagnaient gracieusement la mélancolie de sa figure, dont le front seul était éclairé. — Si elle n'avait pas fait danser au bout d'un de ses pieds relevé en l'air un petit soulier de fibres d'aloës, on aurait pu la prendre pour une statue.

— Musidora, dit Georges d'un ton bouffonnement paternel, votre conduite est inqualifiable, scandaleuse, exorbitante ! — Il court sur vous de par le monde les bruits les plus étranges et les plus ridicules. Vous vous compromettez d'une horrible manière, et, si vous n'y prenez garde, vous allez vous perdre de réputation...

— Ah ! c'est vous, Georges ! dit Musidora comme si elle sortait d'un rêve.

— Oui, mon infante, c'est moi, votre sincère et

fidèle ami, l'admirateur juré de vos charmes, votre chevalier et votre troubadour, votre ancien Roméo...

— Georges, vous avez trouvé moyen d'être plus ivre qu'à l'ordinaire. — Comment vous y êtes-vous pris ?

— Moi ? Musidora, je suis d'une gravité funèbre. — Hélas! le vin ne me grise plus! — Mais ce n'est pas de cela qu'il s'agit. L'on dit, Musidora, j'ose à peine vous le répéter, que vous êtes sérieusement amoureuse, — amoureuse comme une grisette ou une lingère.

— Vraiment, l'on dit cela! fit Musidora en repoussant derrière ses oreilles les ondes de cheveux qui débordaient sur ses joues.

— L'on dit aussi que vous êtes entrée en religion et que vous avez la prétention d'être la Madeleine moderne; que sais-je ? moi, mille bruits absurdes!— Mais ce qu'il y a de sûr, c'est que nous ne savons que devenir depuis qu'il vous a plu de décrocher votre astre de notre ciel. Musidora, vous nous manquez terriblement; moi, je m'ennuie patriarcalement, et l'autre jour, pour me distraire, j'ai été réduit à me prendre de querelle avec Bepp, que j'ai eu la maladresse de tuer, de sorte que je n'ai plus personne de ma force pour jouer aux échecs avec moi. Vous êtes cause aussi que j'ai crevé ma jument anglaise au steeple-chase de Bièvre; car j'avais cru vous voir dans une calèche de l'autre côté d'un mur que j'ai fait franchir à la pauvre mistriss Bell, qui s'est ouvert le ventre sur un tesson de bouteille; Alfred, qui décidément a quitté la Cinthia pour se mettre au rang de vos adorateurs, est tellement abruti de votre disparition qu'il s'est montré aux Tuileries avec des gants sales et la même canne qu'il avait la veille. Voilà le récit succinct mais touchant des innombrables calamités produites par votre retraite. — Vous être trop belle, chère petite, pour vous cloîtrer de la sorte. — La beauté, comme le soleil, doit luire pour tout le monde ; il y a si peu de belles femmes que le gouvernement devrait forcer toute personne atteinte et convaincue de beauté notoire à se montrer au moins trois fois par semaine sur son balcon pour que le peuple ne perde pas tout à fait le sentiment de la forme et de l'élégance; voilà qui vaudrait beaucoup mieux que de répandre des bibles stéréotypées dans les *chaumières* et de fonder des écoles selon la méthode lancastrienne; mais je ne sais à quoi pense le pouvoir. — Sais-tu bien, petite reine, que depuis que tu n'es plus là pour nous cribler des flèches barbelées de tes plaisanteries, nous sommes habillés comme de pauvres diables à qui il est tombé un héritage inattendu ou que l'on a invités le matin à un bal pour le soir même, et qui ont été s'acheter des habits tout faits dans une boutique du Palais-Royal? Ne t'aperçois-tu pas que mon gilet est trop large d'un travers de doigt et que la pointe droite de ma cravate est beaucoup plus longue que la gauche;— signe évident d'une grande perturbation morale.

— Je suis extrêmement touchée d'une si profonde douleur, fit Musidora avec un demi-sourire, et en vérité je ne me croyais pas capable de produire un si grand vide en disparaissant du monde. — Mais j'ai besoin de solitude : le moindre bruit m'excède ; tout m'ennuie et me fatigue.

— Je comprends, dit Georges, vous voudriez voir si mon habit neuf me va bien par derrière. — Je suis importun, et si l'on attendait quelqu'un, à coup sûr ce n'était pas moi. — Mais tant pis, je risque l'incivilité pour cette fois seulement, et je n'userai pas du seul moyen que j'ai de vous être agréable et qui serait de m'en aller.

Et en achevant sa réplique, il s'assit tranquillement par terre à côté de Musidora.

— Pardieu, vous avez un joli bracelet, dit-il en lui soulevant le bras.

— Fi donc, répondit Musidora avec une petite moue dédaigneuse, en êtes-vous aux expédiens de Tartufe et avez-vous besoin pour toucher mon bras de parler de mon bracelet?

— Ce sont des topazes d'une eau et d'une pureté admirables, continua Georges ; c'est B*** qui vous a monté cela. Il n'y a que lui pour ces sortes d'ouvrages ; quel est l'Amadis, le prince Galaor, le charmant vainqueur qui vous a donné cela? Il est donc bien jaloux qu'il vous tient enfermée et murée comme le sultan des Turcs son odalisque favorite.

— C'est Fortunio, répondit Musidora.

— Ah! fit Georges, Fortunio! — Quand faut-il que je t'envoie la calèche et l'attelage! Je ne m'étonne plus de ta disparition. Tu as bien employé ton temps. — Tu avais demandé six semaines, et il ne t'a fallu que quinze jours pour pénétrer un mystère qui déjoue notre sagacité depuis trois ans. — C'est beau ! — Je te donne le cocher poudré à frimas et deux grooms par-dessus le marché. — J'espère bien que tu nous vas conduire au vrai terrier de ce madré renard, qui nous a toujours donné le change, dans la calèche que tu m'as si adroitement gagnée.

— Je n'ai pas vu Fortunio depuis la nuit du souper, reprit Musidora en soupirant; je ne sais pas plus que vous, Georges, où son caprice l'a poussé ; j'ignore même s'il est en France. — Ces pierreries proviennent du portefeuille que je lui ai dérobé, comme vous le savez ; elles en ornaient la couverture ; je n'ai trouvé dedans qu'une lettre chinoise et une chanson malaise. Fortunio, s'étant aperçu que je lui avais pris son portefeuille, m'a écrit un billet moqueur, où il me priait de me faire un bracelet avec les topazes dont il était enrichi. — Voilà tout. Depuis, je n'en ai pas eu de nouvelles ; il est peut-être allé rejoindre sa princesse chinoise.

— Pour cela non, petite; je l'ai entrevu deux fois au bois de Boulogne : la première dans l'allée de Madrid, et l'autre à la porte Maillot. Il était monté sur un diable de cheval noir à tous crins de la mine la plus sauvage qu'on puisse imaginer et qui filait comme un boulet de canon. — Je n'avais pas encore crevé mistriss Bell, et tu sais comme elle va. Mais bah ! à côté de l'hippogriffe de Fortunio, elle avait l'air (car tout ce qui concerne la pauvre bête doit maintenant se mettre au prétérit) d'un colimaçon rampant sur une pierre couverte de sucre râpé. Derrière le Fortunio galopait un petit monstre à figure de safran, les yeux plus grands que la tête, la bouche lippue, les cheveux plats, et fagotté le plus hétéroclitement du monde ; — un cauchemar à cheval sur un vent, — car il n'y a que le vent qui puisse aller ce train-là. — C'est tout ce que je puis te dire sur le Fortunio. — Après cela, comme tu dis, il est peut-être en Chine.

Dans tout le bavardage de Georges, Musidora n'avait saisi qu'une chose, c'est que l'on pouvait rencontrer Fortunio au bois ; un éclair d'espérance illumina ses prunelles vertes, et elle se mit à parler à Georges d'une façon plus amicale.

— Je t'accorde un mois de plus, dit Georges en lui baisant la main. — Dans un autre temps, je t'aurais demandé l'hospitalité ; — mais nous sommes maintenant une fille à principes. — Adieu, mon infante, ma princesse ; faites des rêves couleur de rose et nacre de perle. Si je puis joindre le seigneur Fortunio, quoique cela me puisse coûter quatre chevaux, je te l'enverrai.

Et sur cette belle péroraison, Georges sortit, non

sans avoir embrassé Jacinthe, comme en entrant. — Nous ne savons pas trop où il passa le reste de la nuit.

CHAPITRE XI.

Musidora s'éveilla plus joyeuse que de coutume ; elle se fit apporter un miroir et se trouva jolie, — un peu pâle, les yeux légèrement battus, — à un point suffisant pour jeter sur sa beauté de la délicatesse et de l'intérêt. — Elle se dit intérieurement : « Si Fortunio me voyait ainsi, je serais sûre de la victoire. » — En effet, elle était irrésistible. Mais comment vaincre un ennemi fuyant et qui ne veut pas combattre ?

Le temps était assez beau pour la saison : quelques losanges d'azur se montraient par les déchiquetures des nuages ; une bise fraîche avait séché les chemins. Musidora, ordinairement fort indifférente aux variations de la température et qui n'avait pas beaucoup d'occasions de s'apercevoir s'il pleuvait ou s'il faisait beau, ressentit une joie extrême de la sérénité du ciel.

Elle courait par la maison avec une animation extraordinaire, regardant l'heure à toutes les pendules et la direction des girouettes au coin de tous les toits.

Jacinthe, sa fidèle camérière, l'aida à se revêtir d'une élégante amazone bleu de ciel, le chapeau de castor et le voile vert, la cravache de Verdier, le brodequin élégamment cambré, rien n'y manquait.

Musidora, ainsi costumée, avait un petit air délibéré et triomphant le plus charmant du monde ; les grappes des ses cheveux, un peu crêpés pour résister à l'action du vent, encadraient gracieusement ses joues ; sa taille, serrée par le corsage côtelé de l'amazone, sortait souple et frêle de la masse ample et puissante des plis de la jupe ; son pied, si naturellement petit, devenait imperceptible, emprisonné dans l'étroit cothurne.

Jack vint annoncer que la jument de madame était sellée et bridée.

Musidora descendit dans la cour, et Jack lui ayant fait un étrier, elle se mit en selle avec une légèreté et une prestesse consommées ; puis elle appliqua un coup de houssine sur l'épaule de sa bête, qui partit comme un trait.

Jack galopait derrière elle et avec toutes les peines du monde à la suivre.

La longue avenue des Champs-Élysées fut bientôt dévorée. — La jument de Musidora n'était pas sortie depuis longtemps, et elle bondissait d'impatience comme une sauterelle.

Quoiqu'elle fût lancée au plein galop, sa maîtresse lui lâchait la bride et là frappait à grands coups de cravache. — Je ne sais quel pressentiment disait à Musidora qu'elle verrait le Fortunio ce jour-là.

La jument, ainsi excitée, allongeait encore plus son galop et semblait ne pas toucher la terre.

Les passans et les promeneurs s'émerveillaient de la hardiesse de la jeune femme ; quelquefois un cri de terreur partait d'une voiture dans le fond de laquelle une duchesse peureuse se rejetait en détournant la tête pour ne pas voir l'imprudente tomber et se briser sur le pavé.

Mais la Musidora est une excellente écuyère, elle tient à la selle comme si elle y était soudée et vissée.

A la porte Maillot, elle rencontra Alfred, qui revenait du côté de Paris ; Alfred, surpris, voulut faire faire volte-face à son cheval et courir après elle pour lui exposer sa flamme et demander du soulagement à ses maux, mais il n'exécuta pas le mouvement avec une grande adresse, car il perdit un étrier et avant qu'il se fût remis en selle, la Musidora était complétement hors de vue.

— Diable ! fit-il en remettant son cheval au pas, voilà une belle occasion manquée ; je vais l'attendre à cette porte, car il est probable qu'elle sortira par ici.

Et de peur de la manquer, Alfred se mit en faction à la porte Maillot et s'y tint dans une immobilité aussi complète qu'un carabinier en sentinelle devant l'arc de triomphe du Carrousel.

Le bois était encore dépouillé de feuilles ; quelques brins d'herbe verte pointaient à peine sous le détritus de l'ancien feuillage ; les branches rouges et poissées de sève s'ouvraient en auréole décharnée comme des carcasses de parapluies ou d'éventails dont on aurait déchiré la soie. — Quoiqu'il ne fît pas de soleil, les chemins étaient déjà poussiéreux comme après un été dévorant. — Le bois de Boulogne était aussi laid que peut l'être un bois à la mode, ce qui n'est pas peu dire.

Musidora d'ailleurs, peu champêtre de son naturel, se souciait médiocrement de la beauté des sites, et ce n'était pas pour cela qu'elle était venue au bois.

Elle battit toutes les allées, l'allée de Madrid particulièrement, où Georges avait rencontré Fortunio, mais inutilement ; pas le moindre Fortunio.

— Qu'a donc Musidora aujourd'hui ? se disaient les jeunes gens qui la voyaient passer bride abattue, comme une ombre emportée par le vent, à courir comme une enragée et à sauter les barrières, au risque de se casser le cou ? Est-ce qu'elle veut devenir écuyère ou jockey ? Quelle rage d'équitation l'a prise ainsi subitement toute vive ?

Un instant Musidora crut voir Fortunio au tournant d'une route : elle se lança à sa poursuite à grand renfort de coups de cravache et de coups de talon.

La jument, furieuse, se cabra, fit deux ou trois ruades et partit d'un train infernal. Les veines se tordaient sur son cou musculeux et fumant, ses flancs battaient bruyamment, la sueur écumait et floconnait autour de sa bride, et sa course était si violente que sa queue et sa crinière se tenaient dans une position horizontale.

— Musidora, cria Georges, qui venait en sens contraire, tu vas rendre ta jument poussive.

L'enfant ne fit aucune attention et continua son galop insensé.

Elle était admirable. — La vivacité de la course avait un peu allumé son teint; ses yeux étincelaient, ses cheveux débouclés flottaient en arrière; sa gorge, irritée, soulevait son corset; elle aspirait fortement l'air par les narines et tenait ses lèvres comprimées pour n'être pas suffoquée par le vent; son voile se déroulait sur son dos en plis palpitans et lui donnait quelque chose de transparent et d'aérien. — Bradamante ou Marphise, ces deux belles guerrières, n'avaient pas à cheval une mine plus fière et plus résolue.

Hélas! ce n'était pas Fortunio; — c'était un assez beau jeune homme, qui ne fut pas médiocrement surpris de voir une jeune femme courir sur lui au grand galop et tourner bride subitement sans lui avoir adressé la parole.

Musidora, fort désappointée, rencontra de nouveau Georges, qui allait au petit pas comme un curé de village monté sur un âne.

— Georges, dit-elle, reconduisez-moi; j'ai perdu mon domestique.

Georges mit son cheval à côté du sien, et ils sortirent tous les deux par la porte d'Auteuil.

— Tiens, dit de Marcilly à un de ses camarades, il paraît que le cher Georges s'est remis avec la Musidora.

— Je crois qu'ils ne se sont jamais quittés complétement, répondit le camarade. Je ne manquerai pas de conter cela à la duchesse de M***, dit de Marcilly ; — elle va faire une belle vie à Georges. — Que de pathos transcendant Georges va être obligé de débiter pour rentrer en grâce !

Et les deux amis prirent une autre allée.

Quant à Alfred, dont le nez, pointillé par une bise piquante, se cardinalisait sensiblement, voyant le brouillard ouater l'horizon et la nuit venir à grands pas, il se dit à lui-même cette phrase fort judicieuse, qu'il aurait dû trouver deux heures auparavant :

— Ah ça ! il paraît que la Musidora est sortie par une autre porte. — Cette petite fille est vraiment trop capricieuse ; décidément, je vais faire la cour à Phébé : elle a un bien meilleur caractère.

Cette résolution prise, il piqua des deux et se grisa très-confortablement le soir au café de Paris pour se consoler de sa déconvenue.

CHAPITRE XII.

La belle enfant rentra chez elle harassée de fatigue, — presque découragée — et plus triste qu'un joueur de profession à qui son ami intime a refusé de prêter vingt francs pour retourner au jeu.

Elle se jeta sur son canapé, et, pendant que Jacinthe délaçait ses cothurnes et dégrafait sa robe, elle se mit à pleurer amèrement.

C'étaient les premières larmes qui eussent jamais trempé cet œil étincelant, au regard clair et froid, aigu et tranchant comme un poignard.

Sa mère était morte, elle n'avait point pleuré; il est vrai que sa mère l'avait vendue, à l'âge de treize ans, à un vieux lord anglais et qu'elle la battait pour lui faire donner son argent. — Menus détails qui avaient un peu modéré chez Musidora les élans de la tendresse filiale.

Elle avait vu, sans témoigner la moindre émotion, passer sur une civière le corps ensanglanté du jeune Willis, qui s'était fait sauter la cervelle de désespoir, ne pouvant suffire à ses prodigalités.

Elle pleurait de ne pas avoir rencontré Fortunio.

Les glaces de son cœur, plus froid et plus stérile

qu'un hiver de Sibérie, se fondaient enfin au souffle tiède de l'amour et se résolvaient en une douce pluie de larmes. Ces larmes étaient le baptême de sa vie nouvelle.

Il est des natures de diamant qui en ont l'éclat sans chaleur et l'invincible dureté ; — rien ne mord sur elles ; — aucun feu ne peut les fondre, nul acide ne peut les dissoudre : elles résistent à tous les frottemens et déchirent de leurs angles à brusques arêtes les âmes faibles et tendres qu'elles rencontrent sur leur chemin. Le monde les accuse de barbarie et de cruauté ; elles ne font qu'obéir à une loi fatale qui veut que de deux corps mis en contact le plus dur use et ronge l'autre. — Pourquoi le diamant coupe-t-il le verre et le verre ne coupe-t-il pas le diamant ? — Voilà toute la question. Ira-t-on accuser le diamant d'insensibilité ?

Musidora est une de ces natures : elle a vécu indifférente et calme au milieu du désordre ; elle a plongé dans l'infamie comme un plongeur sous sa cloche, qui voit tourner autour de lui les polypes monstrueux et les requins affamés, qui ne peuvent l'atteindre. Son existence réelle se sépare complétement de sa pensée intime et se passe tout à fait en dehors d'elle. Souvent il lui semble qu'une autre femme, qui se trouve, par un hasard singulier, avoir son nom et sa figure, a fait toutes les actions que l'on met sur son compte.

Mais qu'il se rencontre une âme de force et de résistance pareilles, vous voyez soudain les angles s'abattre, les facettes se former, un chiffre se graver d'une manière ineffaçable : le diamant ne peut se tailler qu'avec le diamant.

Fortunio est parvenu à rayer la dure cuirasse de Musidora et à dessiner son image sur ce métal insensible aux morsures de l'eau forte et du burin.

Une femme est sortie de la statue. — Ainsi, dans la fabuleuse antiquité, un jeune chevrier, doué par Vénus de la beauté à qui rien ne résiste, faisait jaillir du cœur noueux et raboteux d'un chêne une nymphe souriante dans tout l'éclat de sa blanche nudité.

Musidora sent au dedans d'elle-même s'épanouir une âme nouvelle comme une fleur mystérieuse semée par Fortunio sur le rocher stérile de son cœur; son amour a toutes les puérilités divines, tous les enfantillages adorables de la passion pure et vierge; Musidora est, en effet, une jeune fille innocente qu'un mot ferait rougir et qui resterait interdite sous un regard un peu trop vif. — C'est bien sincèrement qu'elle porte sur son bon petit cœur la lettre du cher Fortunio, qu'elle la couche avec elle et l'embrasse vingt fois par jour. — Croyez fermement que s'il y avait déjà des pâquerettes, elle en effeuillerait une en disant : « *Un peu, beaucoup, pas du tout,* » comme la naïve Marguerite dans le jardin de dame Marthe.

Qui donc a prétendu qu'il y avait de par le monde une certaine Musidora, haute, fière, capricieuse, dépravée, venimeuse comme un scorpion, si méchante que l'on cherchait sous sa robe pour voir si elle n'avait pas le pied fourchu; une Musidora sans âme, sans pitié, sans remords, qui trompait même l'amant de son choix; un vampire d'or et d'argent, buvant les héritages des fils de famille comme un verre de Soda-Water pour se mettre en appétit; un démon moqueur jetant sur toutes choses son rire aigre et discordant, une odieuse courtisane ressuscitant les orgies antiques, sans avoir même pour excuse les ardeurs de Messaline. Ceux qui disent cela se trompent assurément.

Nous ne connaissons pas cette Musidora-là, et nous doutons qu'elle ait jamais existé. D'ailleurs, nous n'aurions pas voulu prendre pour notre héroïne une aussi abominable créature. Il ne faut pas non plus ajouter foi aux propos; les hommes sont si méchans qu'ils ont bien trouvé moyen de calomnier Tibère et Néron.

La Musidora que nous connaissons est plus douce et plus blanche que le lait; un agneau de quatre semaines n'a pas plus de candeur; l'odeur des premières fraises a un parfum moins suave et moins printanier que le parfum de son âme fraîche éclose. Ses jeunes rêveries errent innocemment sur des gazons d'un vert tendre au long des haies d'aubépine en fleurs. — Tout son désir est d'habiter une humble maisonnette au bord d'une onde claire et d'y vivre dans un éternel tête-à-tête avec le bien-aimé.

Quelle est la fille de quinze ans toujours assise à l'ombre de la jupe maternelle, qui pourrait faire un souhait de bonheur plus chaste et plus simple? — Un cœur tout sec, sans accompagnement de châles du Thibet vert émir, de chevaux soupe de lait, de bijoux de Provost et de première loge aux Bouffes.

O sancta simplicitas! comme disait Jean Hus en montant au bûcher.

Cependant cette rêverie, si bourgeoise et si aisée à réaliser en apparence, ne me paraît guère près de s'accomplir.

Aurons-nous le bonheur de rencontrer Fortunio au bois de Boulogne? La chance est douteuse. — Cependant, nous n'avons pas d'autre moyen de continuer notre roman. — Les oiseaux italiens se sont envolés de leur cage dorée; ainsi il ne faut plus penser à faire rencontrer Fortunio à Musidora à une représentation d'*Anna Bolena* ou de *Don Juan*. Quant à l'Opéra, Fortunio y va rarement, et nous ne voudrions pas déranger notre cher héros dans ses habitudes. — En attendant, nous entretenons de cigares de la Havane un jeune homme de nos amis qui bivouaque sur le boulevard de Gand et guette le Fortunio au passage, car il va s'y promener quelquefois avec son ami de Marcilly.

Nous avions pensé à faire retourner Musidora à l'allée de Madrid, où elle aurait aperçu le Fortunio galopant à toute bride; elle se serait lancée à sa poursuite, et une branche ayant effrayé sa jument, elle aurait été jetée violemment à terre. — Fortunio l'aurait relevée évanouie et conduite chez elle, — et n'aurait pu décemment s'empêcher de venir demander des nouvelles de la malade. — Aveu de Musidora, attendrissement du sauvage Fortunio et tout ce qui s'ensuit. — Mais ce moyen est parfaitement usé ; on ne voit dans les romans que femmes poursuivies par des taureaux furieux, berlines arrêtées au bord du précipice, chevaux se cabrant dont un inconnu saisit la bride, et autres belles inventions de cette espèce.

En outre, lorsque l'on tombe de cheval, il est assez naturel de se démettre l'épaule, de se faire un trou à la tête, de se casser les dents ou de s'écraser le nez, et nous avouons que nous nous sommes donné trop de mal à faire de Musidora une jolie petite créature pour compromettre ainsi son épaule fine et polie, son nez aux méplats si délicatement accusés, ses dents pures, bien rangées, aussi blanches que celles d'un chien de Terre-Neuve, en faveur desquelles nous avons épuisé tout ce que nous savions en fait de comparaisons limpides. Croyez-vous qu'il serait agréable de voir ces cheveux soyeux et blonds coagulés par le sang en mèches raides et plates ? — Pour panser sa blessure on serait peut-être obligé de les lui couper ; — notre héroïne aurait donc la tête rasée ? — Nous ne souffrirons jamais une pareille monstruosité ; il nous serait d'ailleurs tout à fait impossible de continuer une histoire dont l'héroïne serait coiffée à la Titus.

N'est-ce pas, mesdames, que rien ne serait plus odieux qu'une princesse de roman qui aurait l'air d'un petit garçon ?

« C'est une rude tâche que celle que nous avons entreprise. — Comment diable voulez-vous que nous sachions ce que fait Fortunio ? Il n'y a aucune raison pour que nous soyons mieux informé que vous. — Nous n'avons vu Fortunio qu'une seule fois à un souper, et cette idée malencontreuse nous est passée par la tête de le prendre pour notre héros, espérant qu'un jeune homme de si bonne mine ne pouvait manquer d'aventures romanesques. Le bon accueil que tout le monde lui faisait, l'intérêt mystérieux qui s'attachait à sa personne, quelques mots étranges qu'il avait laissés tomber entre un sourire et un *toast*, nous avaient singulièrement prévenus en sa faveur. — Ah ! Fortunio, comme tu nous a trompé ! — Nous espérions n'avoir qu'à écrire sous ta dictée une histoire merveilleuse pleine de péripéties surprenantes. — Au contraire, il nous faut tout tirer de notre propre fonds et nous creuser la tête pour faire patienter le lecteur jusqu'à ce qu'il te plaise de vouloir bien te présenter et saluer la compagnie. — Nous t'avons fait beau, spirituel, généreux, riche à millions, mystérieux, noble, bien chaussé, bien cravaté, dons rares et précieux ! — Quand tu aurais eu une fée pour marraine, tu n'aurais pas été mieux doué ; combien de pages nous as-tu données pour cela, ingrat Fortunio ? — une douzaine tout au plus. O férocité hircanienne, ô monstruosité sans pareille ! — douze pages pour vingt-quatre perfections ! — C'est peu.

Il a fallu, grand paresseux que vous êtes, que cette

pauvre Musidora se désolât outre mesure, que Georges se grisât comme une multitude de tambours-majors, qu'Alfred débitât un plus grand nombre de sottises qu'à l'ordinaire, que Cinthia fît voir son dos et sa gorge, Phébé sa jambe, Arabelle sa robe, pour remplir l'espace que vous deviez occuper tout seul.

— Si nous avons commis une inconvenance en introduisant, faute de savoir où le mener, notre lecteur dans la salle de bain de Musidora, c'est vous qui en êtes cause. Vous nous avez fait allonger nos descriptions et forcé à violer le précepte d'Horace : *Semper ad eventum festina*. Si notre roman est mauvais, la faute en est à vous ; — qu'elle vous soit légère ! — Nous avons mis l'orthographe de notre mieux et cherché dans le dictionnaire les mots dont nous n'étions pas sûr. — Vous qui étiez notre héros, vous deviez nous fournir des événemens incroyables, de grandes passions platoniques et autres, des duels, des enlèvemens, des coups de poignard ; à cette condition, nous vous avions investi de toutes les qualités possibles. Si vous continuez sur ce pied-là, notre cher Fortunio, nous déclarerons que vous êtes laid, bête, commun, et, de plus, que vous n'avez pas le sou. Nous ne pouvons pas non plus vous aller guetter au coin des rues, comme une amante délaissée qui attend par une pluie battante que son infidèle sorte de chez sa nouvelle maîtresse pour l'empoigner par la basque de son habit. — Si vous aviez un portier, nous irions bien lui demander votre histoire ; mais vous n'avez pas de portier, puisque vous n'avez pas de maison et par conséquent pas de porte. — O Calliope! muse au clairon d'airain, soutiens notre haleine. — Que diable dirons-nous dans le chapitre suivant? Il ne nous reste plus qu'à faire mourir Musidora. — Voyez, Fortunio, à quelles extrémités vous nous réduisez! Nous avions créé tout exprès une jolie femme pour être votre maîtresse, et nous sommes forcé de la tuer à la page 180, contrairement aux usages reçus, qui ne permettent de donner le coup d'épingle dans cette bulle gonflée par un soupir d'amour, que l'on appelle héroïne de roman, que vers la page 310 ou 320 environ.

CHAPITRE XIII.

Les jours filaient, et Fortunio ne paraissait pas.

Toutes les recherches de Musidora avaient été inutiles. — Le mot d'Arabelle : — Fortunio ce n'est pas un homme, c'est un rêve, — lui revenait en mémoire.

En effet, il était si beau qu'il était facile de croire, lorsqu'on l'avait vu, à quelque révélation surnaturelle. — L'éclat étourdissant au milieu duquel il était apparu à Musidora contribuait beaucoup à cette poétique illusion, et quelquefois elle doutait de la réalité comme quelqu'un qui aurait vu le ciel entr'ouvert une minute, et qui, le trouvant ensuite inexorablement fermé à son regard, en viendrait à se croire dupe d'une hallucination fiévreuse.

Ses amies vinrent lui porter de perfides consolations, avec de petits airs ironiquement dolens et des mines joyeusement tristes : Cinthia lui conseilla, dans toute la sincérité de son cœur de bonne fille, de prendre un nouvel amant, parce que cela l'occuperait toujours un peu. — Mais Musidora lui répondit que ce remède, bon pour Phébé et pour Arabelle, ne lui conviendrait nullement. Alors Cinthia l'embrassa tendrement sur le front et se retira en disant : — *Povera innamorata*, je ferai dire une neuvaine à la madone pour le succès de vos amours.

Ce qu'elle fit religieusement.

Musidora, voyant que toute lueur d'espoir était éteinte et que Fortunio était plus introuvable que jamais, prit la vie en grand dégoût et roula dans sa charmante tête les projets les plus sinistres. — En brave et courageuse fille, elle résolut de ne pas survivre à son premier amour.

— Au moins, se dit-elle, puisque j'ai vu celui que je devais aimer, je n'aurai pas la lâcheté de souffrir qu'aucun homme vivant touche ma robe du bout du doigt : je suis sacrée maintenant ! — Ah! si je pouvais reprendre et supprimer ma vie, si je pouvais rayer du nombre de mes jours tous ceux qui ne t'ont pas été consacrés, cher et mystérieux Fortunio ! Je pressentais vaguement que tu existais quelque part, doux et fier, spirituel et beau, un éclair dans tes yeux calmes, un sourire indulgent sur tes lèvres divines, pareil à un ange descendu parmi les hommes ; — je t'aperçus, tout mon cœur s'élança vers toi; d'un seul regard tu t'emparas de mon âme, je sentis que je t'appartenais, je reconnus mon maître et mon vainqueur ; je compris qu'il me serait impossible d'aimer jamais personne autre que toi, et que le centre de ma vie était déplacé à tout jamais. Dieu m'a punie de ne t'avoir pas attendu; mais à présent je sais que tu existes; — tu n'es pas un fantôme, un spectre charmant envoyé par le sang de mon cœur à ma tête échauffée; je t'ai entendu, je t'ai vu, je t'ai touché; j'ai fait tous mes efforts pour te rejoindre, pour me jeter à tes pieds et te prier de me pardonner, et de m'aimer un peu. — Tu m'as échappé comme une ombre vaine! Il ne me reste plus qu'à mourir. Savoir que tu n'es pas un rêve et vivre, c'est une chose impossible.

Musidora chercha dans sa tête mille moyens de suicide. — Elle pensa d'abord à se jeter à l'eau; mais la Seine était jaune et bourbeuse; puis l'idée d'être repêchée aux filets de Saint-Cloud et étalée toute nue sur une des dalles noires et visqueuses de la Morgue lui répugna singulièrement.

Elle inclina un moment à se brûler la cervelle; mais elle n'avait pas de pistolet, et d'ailleurs aucune femme ne se soucie d'être défigurée même après sa mort; il y a une certaine coquetterie funèbre; on veut encore être un cadavre présentable.

Un coup de couteau dans le cœur lui souriait assez; mais elle eut peur de reculer devant la morsure du fer et de n'avoir pas le poignet assez ferme. — Elle voulait se tuer sérieusement et non se blesser d'une manière intéressante.

Elle s'arrêta définitivement à l'idée du poison.

Nous pouvons assurer nos lecteurs que la pensée inélégante et bourgeoise de s'asphyxier avec un réchaud de charbon allumé ne se présenta pas une minute à notre héroïne : elle savait trop bien vivre pour mourir aussi mal.

Tout à coup un éclair lui passa par la cervelle : l'aiguille de Fortunio lui revint en mémoire.

Je me piquerai le sein avec cette aiguille, et tout sera dit ; — ma mort aura quelque douceur puisqu'elle me viendra de Fortunio, se dit-elle en tirant le petit dard d'une des capsules du portefeuille. Elle considéra attentivement la pointe aiguë, ternie par une espèce de sédiment rougeâtre, et la posa sur un guéridon à côté d'elle.

Puis elle se revêtit d'un peignoir de mousseline blanche, mit une rose de même couleur dans ses cheveux et s'étendit sur le sopha, après avoir préalablement écarté les plis de sa robe et fait saillir dehors sa gorge ronde et pure pour se piquer plus facilement.

Certes, Musidora avait bien la résolution de se tuer, mais nous devons avouer qu'elle mettait de la lenteur dans ses préparatifs et que je ne sais quel vague et secret espoir la retenait encore.

« Je me piquerai à midi juste, » se dit-elle. — Il était midi moins un quart. — Explique qui voudra cet étrange caprice ; mais Musidora eût été assurément très-affligée de mourir à onze heures trois quarts.

Pendant que le temps faisait tomber dans son sablier les grains du fatal quart d'heure, une réflexion se présenta à Musidora. Souffrait-on beaucoup pour mourir de ce poison ; laissait-il sur le corps des taches rouges ou noires ? — Elle aurait bien voulu en voir les effets.

Au temps de Cléopâtre et dans le monde antique cela n'aurait pas souffert la moindre difficulté; on eût fait venir cinq ou six esclaves mâles ou femelles, et l'on aurait essayé le poison sur eux ; on aurait fait ce que les médecins appellent une expérience *in animâ vili*.

Une douzaine de misérables se seraient tordus comme des anguilles coupées en morceaux sur les beaux pavés de porphyre et les mosaïques étincelantes, devant la maîtresse accoudée nonchalamment à l'épaule d'un jeune enfant asiatique et suivant de son regard velouté les dernières crispations de leur agonie. — Tout est dégénéré aujourd'hui, et la vie prodigieuse de ce monde gigantesque n'est plus comprise par nous ; nos vertus et nos crimes n'ont ni forme ni tournure.

N'ayant pas d'esclaves pour essayer son aiguille, Musidora, très-perplexe, la tenait entre les doigts à trois pouces environ de son sein, enviant le sort de Cléopâtre, qui du moins avait vu, avant de livrer sa belle gorge aux baisers venimeux de l'aspic, ce qu'elle aurait à souffrir pour aller rejoindre son cher Antoine.

Au moment où Musidora était plongée dans ces incertitudes, sa chatte anglaise sortit de dessous un meuble et vint à elle en miaulant d'un ton doucereux. Voyant que sa maîtresse ne faisait pas attention à ses avances, elle sauta sur ses genoux et poussa plusieurs fois sa main avec son petit nez rose et froid.

La chatte fit le gros dos en regardant sa maîtresse avec ses prunelles rondes traversées par une pupille en forme d'I, et lui exprima son plaisir d'être caressée par un petit râle particulier aux chats et aux tigres.

Une idée diabolique vint à Musidora en caressant sa chatte : elle lui piqua la tête avec son aiguille.

Blanchette fit un bond, sauta sur le plancher, essaya deux ou trois fois de marcher, puis tomba comme prise de vertige ; ses flancs haletaient ; sa queue battait faiblement le parquet ; — un frisson courut sur son poil ; son œil s'illumina d'une lueur verte, puis s'éteignit. — Elle était morte. Tout ceci dura à peine quelques secondes.

— C'est bien, dit Musidora, l'on ne doit pas beaucoup souffrir, et elle approcha l'aiguille de son sein. Elle allait égratigner sa blanche peau quand le tonnerre sourd d'une voiture roulant au grand galop sous la voûte de la porte cochère parvint à son oreille et suspendit pour un moment l'exécution de son fatal projet.

Elle se leva et fut regarder à sa fenêtre.

Une calèche, attelée de quatre chevaux gris pommelés parfaitement semblables et si fins que l'on aurait dit des coursiers arabes de la race du prophète, faisait le tour de la cour sablée. Les postillons étaient en casaque vert tendre, aux couleurs de Musidora. — Il n'y avait personne dans la calèche.

Musidora ne savait que penser, lorsque Jacinthe lui remit un petit billet qui lui avait été donné par un des jockeis.

Voici ce qu'il contenait :

« Madame,

» Ma sauvagerie vous a fait perdre une calèche ; cela n'est pas juste. — Celle-ci vaut mieux que celle de Georges, — daignez l'accepter en échange ; si l'envie vous prenait de l'essayer, la route de Neuilly est fort belle, et vous pourriez juger de la vitesse des chevaux ; je serais heureux de vous y rencontrer.

» FORTUNIO. »

CHAPITRE XIV.

Il est facile de s'imaginer la stupéfaction heureuse de Musidora ; elle passait subitement, et sans transition ménagée, du plus extrême désespoir à la joie la plus vive : ce fuyard, cet introuvable et sauvage Fortunio venait se rendre de lui-même, au moment où elle s'y attendait le moins. — Les fanfares triomphales sonnaient déjà allégrement aux oreilles de Musidora ; car elle ne doutait plus de sa victoire et se croyait assurée d'emporter, sans coup férir, le cœur de Fortunio.

O vivace espérance, comme tu relèves obstinément tes rameaux élastiques et souples courbés sous le pied lourd du désappointement, et comme il te faut peu de temps pour t'épanouir en fleurs merveilleuses et pousser de tous côtés de vigoureuses frondaisons !

Voici un enfant qui tout à l'heure était plus pâle que la statue d'albâtre que l'on aurait couchée sur son tombeau, et dont les veines bleuâtres semblaient courir dans l'épaisseur d'un marbre plutôt que sous une chair vivante, et qui maintenant sautille en pépiant par la chambre, joyeuse comme un passereau au mois de mai !

— Jacinthe, Jacinthe, vite, habille-moi, chausse-moi ; je veux sortir !

— Quelle robe veut mettre madame ? répondit Jacinthe en pesant chaque syllabe, pour lui donner le temps de la réflexion.

— La première que tu trouveras sous la main, fit la petite avec un charmant geste d'impatience. — Mais de grâce, sois prompte. Tu es plus lente qu'une tortue ; on dirait que tu as une carapace sur le dos.

Jacinthe apporta une robe blanche à laquelle une petite raie d'un rose très-pâle donnait une teinte de chair délicate, approchant de celle des hortensias lorsqu'ils viennent de s'épanouir.

Musidora la mit sans corset, tant elle avait hâte de partir. — Elle ne risquait rien d'ailleurs à cette négligence. Elle était du très-petit nombre de femmes qui ne se défont pas quand on les déshabille.

Cela fait, elle s'entortilla dans un grand cachemire blanc qui lui tombait jusqu'aux talons, — et Jacinthe lui posa délicatement sur la tête le chapeau le plus frais, le plus gracieux, le plus délicieusement coquet qu'il soit possible de rêver. — Nous n'osons pas décrire en vile prose un pareil chef-d'œuvre. — Bornez-vous à savoir, mesdames, que la passe, un peu élevée, garnie intérieurement d'une aérienne guirlande de petites fleurs sauvages, faisait au charmant visage de Musidora une auréole ravissante, contre laquelle plus d'une sainte eût volontiers échangé son nimbe d'or; — figurez un grand camélia dont le cœur serait une figure d'ange.

Un petit soulier aile de scarabée, si échancré qu'il couvrait à peine le bout des doigts, se faisait voir sous les derniers plis de sa robe et donnait facilement à entendre qu'il chaussait un pied appartenant à la plus jolie jambe du monde.

Des bas d'une excessive finesse laissaient transparaître à travers leurs broderies à jour la peau légèrement rosée de ce pied adorable.

Musidora, prenant à peine le temps de se ganter, descendit l'escalier et monta dans la calèche.

— A Neuilly, dit-elle au groom qui relevait le marche pied. — La voiture partit comme l'éclair.

— Tiens! fit Jacinthe en heurtant du pied le cadavre de la chatte, qu'elle n'avait pas encore aperçu, — Blanchette qui est crevée! — Hé! Jack, voyez donc votre bête, — elle est défunte. Votre maîtresse va faire un beau train ce soir en rentrant.

Jack, consterné, s'agenouilla auprès de la chatte, lui tira la queue, lui pinça les oreilles, lui frotta le nez avec un mouchoir trempé dans l'eau de Cologne, — mais, hélas! inutilement.

— Oh! la mauvaise bête! elle a fait exprès de mourir pour me faire battre par madame, dit le négrillon en roulant ses gros yeux d'un air de terreur bouffonne; elle a une petite main bien dure!

— Taisez-vous, animal! est-ce que vous croyez que madame se dégradera jusqu'à vous battre elle-même?

—Elle vous fera fouetter par Zamore, répondit Jacinthe majestueusement ; et, à vrai dire, vous le méritez : — n'avoir qu'une chatte à soigner, et la laisser mourir comme un *chien!* — Pauvre bête, va !

—Holà ! ouf! aie ! fit le négrillon, comme s'il sentait déjà crever sur ses épaules la pluie cinglante de coups de cravache qui lui était réservée.

—Vous crierez tantôt, dit Jacinthe, se plaisant à augmenter les terreurs du nègre; vous savez que Zamore ne peut vous souffrir et qu'il a le bras solide; il vous écorchera tout vif, comme une anguille. — Comptez là-dessus, monsieur Jack.

Jack ramassa la chatte, la porta dans sa niche, lui plia les quatre pattes sous le ventre, rangea sa queue en cercle, lui ouvrit les yeux de façon à lui donner une apparence de vie, puis il fut se cacher dans le grenier, derrière une pile de foin, pour attendre que le nuage fût passé; non sans avoir fourré dans ses poches une bouteille de vin, du pain et un grand morceau de viande froide.

Puisque nous en sommes sur le chapitre de la chatte, nous justifierons Musidora du reproche de cruauté qu'on lui aura peut-être fait pour avoir tué sa bête favorite. — Musidora pensait qu'elle allait mourir elle-même et que peut-être sa chatte, après sa mort, serait réduite à courir sur les toits, par la pluie et la neige, et exposée à toutes les horreurs de la famine (perspective affligeante!). — Elle a été féroce par bonté. — D'ailleurs, elle l'a fait très-proprement empailler et mettre sous un globe bordé de peluche rouge; elle est couchée sur un petit coussin de soie bleu de ciel, et de ses beaux yeux d'émail s'échappe une lueur verdâtre, absolument comme si elle était vivante; il semble qu'on l'entend faire *ron ron*. — Qui de nous peut se flatter d'être empaillé et mis sous verre après sa mort? Qui sera jamais regretté comme une chatte à longs poils ou un chien sachant faire l'exercice?

CHAPITRE XV.

Les postillons revêtus de leur casaque vert-pomme faisaient joyeusement claquer leur fouet, et la calèche roulait si rapidement que les roues ressemblaient à un disque étincelant et qu'il eût été impossible d'en distinguer les rayons.

La poussière soulevée n'avait pas eu le temps de s'abattre que la voiture était déjà hors de vue. — Les équipages le plus chaudement menés restaient en arrière, et cependant pas une goutte de sueur ne mouillait le poitrail des chevaux gris pommelés ; leurs jambes, minces et sèches comme des jambes de cerf, dévoraient le chemin, qui filait sous eux, gris et rayé, comme un ruban qu'on roule.

Musidora, nonchalamment renversée sur les coussins, se laissait aller aux plus amoureuses préoccupations ; son teint transparent rayonnait éclairé de bonheur, et sa petite main, gantée de blanc, appuyée sur le bord de la calèche, battait la mesure d'un air qu'elle fredonnait intérieurement et sans que le son sortît de ses lèvres. Le ravissement où elle était plongée était si grand que de temps en temps elle se prenait à rire aux éclats d'un air spasmodique et presque fiévreux ; elle sentait le besoin de pousser des cris, de se faire mettre à terre et de courir de toutes ses forces ou de faire quelque action véhémente pour ouvrir une soupape d'échappement aux jets exubérans de ses facultés. Toute langueur avait disparu. Elle qui hier se faisait porter dans son bain et pouvait à peine soulever son pied pour monter une marche, accomplirait en se jouant les douze travaux d'Hercule, ou peu s'en faut.

La curiosité, le désir et l'amour, ces trois leviers terribles, dont un seul enlèverait le monde, exaltent au plus haut degré toutes les puissances de son âme ; il n'y a pas en elle une seule fibre qui ne soit tendue à rompre et qui ne vibre comme la corde d'une lyre.

Elle va donc voir Fortunio, l'entendre, lui parler, se rassasier de sa beauté, nourriture divine ; suspendre son âme à ses lèvres et boire chacune de ses paroles plus précieuses que les diamans qui tombent de la bouche des jeunes filles vertueuses dans les contes de Perrault. — Ah ! respirer l'air où son souffle s'est mêlé, être caressée du même rayon de soleil qui a joué sur ses cheveux noirs, regarder un arbre, un point de vue où ses yeux se sont arrêtés, avoir quelque chose de commun avec lui ; quelle ineffable jouissance, quel océan de secrètes extases !

A cette pensée, le cœur de Musidora dansait la tarentelle sous sa gorge, libre de corset.

Les dandies mettaient leurs chevaux au galop pour

voir la figure de cette duchesse inconnue traînée par un si merveilleux attelage; et plus d'un manqua de tomber à la renverse de stupeur admirative. — Musidora, qui en tout autre temps eût été flattée de ces étonnemens, n'y fit pas la moindre attention; elle n'était plus coquette.

Une métamorphose s'était opérée en elle, il ne restait plus rien de l'ancienne Musidora que le nom et la beauté. Et encore sa beauté n'avait plus le même caractère : jusque-là elle avait été spirituellement belle, elle était devenue passionnément belle.

L'on trouvera sans doute invraisemblable qu'un pareil changement ait lieu d'une manière si subite et qu'un amour aussi violent se soit allumé à la suite d'une seule rencontre. A cela nous répondrons que rien n'a ordinairement l'air plus faux que le vrai, et que le faux a toujours des apparences très-grandes de probabilité, attendu qu'il est arrangé, travaillé, combiné d'avance pour produire l'effet du vrai : — le clinquant a plus l'air d'or que l'or lui-même.

Ensuite nous ferons remarquer que le cœur de la femme est un labyrinthe si plein de détours, de faux-fuyans et de recoins obscurs, que les grands poëtes eux-mêmes qui s'y sont aventurés, la lampe d'or du génie à la main, n'ont pas toujours su s'y reconnaître et que personne ne peut se vanter de posséder le peloton conducteur qui mène à la sortie de ce dédale. — De la part d'une femme on peut s'attendre à tout et principalement à l'absurde.

Beaucoup de gens respectables et de dames, fâchées de l'être, seront sans doute d'avis que les *coups de foudre* sont de pures illusions romanesques et que l'on n'aime pas éperdument un homme ou une femme que l'on n'a vu qu'une fois. Quant à nous, notre avis est que si l'on n'aime pas une personne la première fois qu'on la voit, il n'y a aucune raison pour l'aimer la seconde et encore moins la troisième.

Puis, il fallait bien que Musidora se prît de passion pour Fortunio, sans quoi notre roman n'aurait pu subsister. Notre héros, doué comme il l'est, riche, jeune, beau, spirituel et mystérieux, devait d'ailleurs être adoré au premier coup. Bien d'autres, qui n'ont pas la moitié de ces qualités, réussissent aussi promptement.

Qu'y a-t-il d'étrange à ce qu'une jeune femme aime un beau jeune homme? Ainsi donc, que la chose soit vraisemblable ou non, il est constaté que Musidora adore Fortunio, qu'elle ne connaît pas ou qu'elle n'a vu qu'une fois, ce qui est la même chose.

Cette dissertation n'empêche pas la calèche de voler légèrement sur la grande avenue des Champs-Élysées et d'avoir dépassé l'arc de l'Étoile, cette gigantesque porte cochère ouverte sur le vide.

La nature présentait un aspect tout différent de celui qu'elle avait au jour où Musidora battait le bois de Boulogne au hasard pour y rencontrer le Fortunio : — le rouge sombre des bourgeons avait fait place à un vert tendre, couleur d'espérance, et les oiseaux gazouillaient sur les branches de joyeuses promesses ; le ciel, où nageaient deux ou trois nuages d'ouate blanche, semblait un grand œil bleu qui regardait amoureusement la terre ; — une douce senteur de feuillage nouveau et d'herbe fraîche montait dans l'air comme un encens printanier ; de petits papillons jaune-soufre dansaient sur le bout des fleurs et tournaient dans les bandes lumineuses qui zébraient le fond vert du paysage.

Une allégresse infinie égayait la terre et le ciel. Tout respirait la joie et l'amour partagé ; l'atmosphère était imprégnée de jeunesse et de bonheur. Du moins c'était l'impression qu'éprouvait Musidora ; elle voyait les objets extérieurs à travers le prisme de la passion.

Les passions sont des verres jaunes, bleus ou rouges, qui teignent toute chose de leur couleur. Aussi un site qui a paru affreux, hérissé, décharné jusqu'aux os, repoussant de misère et de maigreur, plus inhospitalier qu'une steppe de Scylnie, vu dans un instant de désespoir, semble diapré, étincelant, fleuri, avec des eaux miroitantes, des gazons vivaces et des fuites d'horizons bleuâtres, un vrai paradis terrestre, regardé à travers le prisme du bonheur.

La nature ressemble un peu à ces grandes symphonies que chacun comprend à sa façon. L'un place le cri suprême de Jésus expirant sur la croix où l'autre croit entendre les roulades perlées du rossignol et le grêle pipeau des bergers.

Musidora comprenait pour le moment la symphonie dans le sens amoureux et pastoral.

La voiture filait toujours ; les grands arbres, inclinant leur panache, fuyaient à droite et à gauche comme une armée en déroute, et Fortunio ne paraissait pas encore.

L'inquiétude commençait à picoter légèrement le cœur de Musidora. Si Fortunio allait avoir changé d'idée?— elle relut son billet, qui lui sembla assez formel et la rassura un peu.

Enfin elle aperçut, tout au bout de l'avenue, un petit tourbillon de poussière blanche qui s'approchait rapidement.

Elle sentit une émotion si violente qu'elle fut obligée de s'appuyer la tête sur le dossier de la voiture : ses artères sifflaient dans ses tempes, le sang abandonna et reprit trois ou quatre fois ses joues, sa main mourante laissa échapper le billet, qu'elle tenait serré avec une étreinte presque convulsive.

Elle touchait au moment suprême de sa vie ; — son existence allait se décider.

Bientôt la nuée de poussière, s'entr'ouvrant comme une nuée classique recéleuse de quelque divinité, permit de voir distinctement un cheval noir à tous crins, le col arqué, les épaules étroites, les pieds duvetés, l'œil et les naseaux pleins de feu, qui ressemblait plutôt à un hippogriffe qu'à un quadrupède ordinaire. Le cheval était monté par un cavalier qui n'était autre que le jeune Fortunio lui-même. — A quelques pas galopait le Maure lippu.

C'était bien lui; il avait cet air de nonchalante sécurité qui ne le quittait jamais et qui lui donnait tant d'ascendant sur tout le monde. Il semblait qu'aucune des adversités humaines n'eût prise sur lui et qu'il se sentît au-dessus des atteintes du sort. La sérénité siégeait sur sa belle figure comme sur un piédestal de marbre.

Il s'avança vers la calèche en faisant exécuter à son cheval des courbettes prodigieuses; tantôt il l'enlevait des quatre pieds à la fois, tantôt il le faisait tenir debout et avancer ainsi de quelques pas.

Le noble animal se prêtait à toutes ses exigences avec coquetterie et une souplesse merveilleuse; il semblait vouloir lutter de gracieuse hardiesse avec son maître; on eût dit qu'ils ne faisaient qu'un et que la même volonté les animait tous deux; car Fortunio n'avait ni éperons ni cravache, et ne tenait pas seulement la bride en main. — Il guidait sa monture par je ne sais quels mouvemens imperceptibles, et il était complètement impossible de voir avec quels moyens il transmettait sa pensée à l'intelligent animal.

Quand il ne fut plus qu'à une cinquantaine de pas de la calèche, il mit son cheval à fond de train et arriva ainsi à un pied de la voiture. Musidora, éperdue, crut qu'il allait se briser contre les roues et poussa un grand cri ; mais Fortunio, par un tour d'adresse familier aux cavaliers arabes, avait arrêté subitement sa monture, lancée sur ses quatre jambes, et passé sans transition de la course la plus rapide à l'immobilité la plus complète. — On eût dit qu'un enchanteur l'avait figé, lui et son cheval. — Après ce temps d'arrêt, il fit danser un peu son barbe, car c'en était un, à la portière de la calèche, et, au milieu d'une ruade violente, il salua Musidora avec la même grâce et la même aisance que s'il eût eu les deux pieds appuyés sur le solide parquet d'un salon.

— Madame, dit-il, pardonnez à un pauvre sauvage à qui de longues courses dans l'Inde et l'Orient ont fait perdre l'habitude de la galanterie européenne et qui ne sait plus guère comment on se conduit avec les dames. — Si j'avais été assez présomptueux pour croire que vous désiriez ma présence, croyez que je serais accouru de toute la vitesse des jambes de Tipoo ; mais je n'aurais pas pensé qu'un extravagant comme moi, rendu maniaque par des voyages dans des régions étrangères, pût intéresser en rien votre curiosité.

Nous voudrions bien rapporter la réponse de Musidora, mais nous n'avons jamais su ce qu'elle répondit. Il est certain cependant qu'elle ouvrit la bouche, en levant sur Fortunio ses beaux yeux noyés d'un éclat onctueux ; elle murmura quelque chose, mais nous avons eu beau prêter l'oreille, nous n'avons pu distinguer une seule syllabe. Le grincement du sable sous les roues, le piétinement des chevaux, ont couvert sans doute la voix presque inarticulée de Musidora. — Nous le regrettons fort, car il eût été assez curieux de recueillir ces précieuses paroles.

— Musidora, reprit Fortunio d'un timbre de voix doux et sonore, l'on vous a sans doute fait bien des histoires singulières sur mon compte, mes amis ont beaucoup d'imagination ; que direz-vous lorsque vous verrez que loin d'être un héros de roman, un homme étrange et fatal, je ne suis tout bonnement qu'un honnête garçon, assez bon diable quoique capricieux et fantasque par boutades ? Je vous assure, Musidora, que je bois du vin et non de l'or fondu à mes repas ; — je mange plus d'huîtres que de perles dissoutes dans du vinaigre ; je couche dans un lit, quoiqu'il m'arrive plus souvent de coucher dans un hamac, et je marche en général sur mes pieds de derrière, à moins que je n'emprunte ceux de Tipoo, de Zerline ou d'Agandecca, ma jument favorite. — Voilà ma façon de vivre. — J'aime mieux les vers que la prose, j'aime mieux la musique que les vers, et je ne préfère rien au monde à une peinture de Titien si ce n'est une belle femme. — Je n'ai pas d'autre opinion politique. — Je ne hais que mes amis et me sentirais assez porté à la philanthropie si les hommes étaient des singes. Je croirais volontiers en Dieu s'il ne ressemblait pas tant à un marguillier de paroisse, et je pense que les roses sont plus utiles que les choux. Vous me connaissez maintenant comme si vous aviez dormi dix ans sur mon oreiller. A ceci se bornent tous les renseignemens que je puis vous procurer sur moi, car je n'en sais pas davantage.

Musidora ne put s'empêcher de rire de la profession de foi de Fortunio.

— Vraiment, dit-elle, vous êtes modeste en ne vous croyant pas singulier ; savez-vous donc, monsieur Fortunio, que vous êtes d'une excentricité parfaite.

— Moi, point du tout ; je suis le garçon le plus uni du monde ; je ne fais que ce qui me plaît, et je vis absolument pour mon compte. — Mais voici le soleil qui devient chaud, et votre ombrelle ne suffira plus tout à l'heure pour vous garantir de ses flèches de plomb. — S'il vous plaisait de venir vous reposer un instant dans une cahute, une espèce de wigwam indien que j'ai par là, vous retourneriez ce soir à Paris, pendant les fraîches heures du crépuscule.

— Volontiers, répondit Musidora, je ne serais pas fâchée de voir votre *veranda,* votre wigwam, comme vous dites ; car l'on prétend que vous ne demeurez pas, mais que vous perchez.

— Quelquefois, — mais pas toujours. J'ai passé plus d'une nuit sur un arbre avec ma ceinture attachée au tronc pour m'empêcher de me casser la tête en tombant à la renverse ; mais ici, je vis comme le bourgeois le plus débonnaire. Il ne me manque qu'un toit de tuiles rouges et des contrevents verts pour être le garçon le plus arcadique et le plus sentimental du monde. — Hadji, Hadji, approchez ; j'ai deux mots à vous dire.

Le Maure en deux bonds fut à côté de Fortunio.

Fortunio lui adressa quelques mots dans une langue étrangère, avec une intonation gutturale et bizarre.

Hadji partit aussitôt à bride abattue.

— Veuillez m'excuser, madame, de m'être servi devant vous d'un idiome inconnu ; mais ce drôle ne sait pas un mot de français ni d'aucune autre langue chrétienne.

— J'espère, dit Musidora, que vous ne l'avez pas envoyé devant pour préparer quelque chose à mon intention ; est-ce que vous voulez me faire recevoir au bas de votre perron par une députation de jeunes filles vêtues de blanc avec des bouquets enveloppés dans une feuille de papier ? J'entends que vous ne fassiez point de cérémonies avec moi.

— J'ai envoyé tout bonnement Hadji, reprit Fortunio, pour mettre en cage mon lion privé et ma tigresse Betsy. — Ce sont de charmantes bêtes, douces comme des agneaux, mais dont la vue aurait pu vous inquiéter. — Je suis là-dessus maniaque comme une vieille fille ; je ne puis me passer d'animaux. Ma maison est comme une ménagerie.

— Les barreaux de la cage sont-ils solides ? dit Musidora d'un air assez peu rassuré.

— Oh ! très-solides, reprit Fortunio en riant. — Nous voici arrivés.

CHAPITRE XVI.

La maison de Fortunio n'avait pas de façade. — Deux terrasses de rocailles avec des angles de pierre vermiculée, une rampe à balustres ventrus et des piédestaux supportant de grands vases de faïence bleue remplis de plantes grasses tout à fait dans le goût Louis XIII, s'élevaient de chaque côté d'une porte massive en cœur de chêne, sculptée précieusement et ornée de deux médaillons d'empereurs romains, entourés de guirlandes de feuillage. — Ces deux terrasses formaient comme une espèce de bastion où venaient se briser les regards des curieux. Au dessous étaient pratiquées les écuries.

La calèche s'élança au galop de ses quatre chevaux contre la porte, qui s'ouvrit en tournant sur ses gonds comme par enchantement, sans que personne parût en pousser les battans.

La voiture fit le tour d'une grande cour sablée, entourée d'une palissade de buis taillé en arcades, ce qui donna à notre héroïne le temps de regarder la maison du cher Fortunio.

Au fond de la cour scintillait, sous un vif rayon de soleil, un bâtiment en pierres blanches cimentées avec une telle précision qu'il semblait fait d'un seul morceau. — Des niches richement encadrées et occupées par des bustes antiques rompaient seules la plane surface du mur, entièrement dénué de fenêtres. — Une porte de bronze, sur laquelle palpitait l'ombre d'une tente rayée, occupait le milieu de l'édifice ; — trois degrés de marbre blanc, côtoyés de deux sphynx, les pattes croisées sous leurs mamelles aiguës, menaient à cette porte.

La voiture s'arrêta sous la tente ; Fortunio descendit, souleva la belle enfant et la posa délicatement sur la dernière marche du perron. Puis il toucha le battant, qui rentra dans le mur et se referma aussitôt qu'ils furent passés.

Ils se trouvèrent alors dans un large corridor éclairé d'en haut ; — quatre portes s'ouvraient sur ce corridor ; — il était pavé d'une mosaïque représentant des pigeons perchés sur le bord d'une large coupe et se penchant pour y boire, avec des enroulemens, des fleurs et des festons ; la vraie mosaïque de Sosimus de Pergame, que tous les antiquaires croient perdue.

Des piliers de brèche jaune à demi engagés dans le mur supportaient un attique délicatement sculpté et formaient un cadre à des peintures à la cire où voltigeaient sur un fond noir des danseuses antiques, soulevant légèrement le bord de leurs tuniques aériennes, ou arrondissant en l'air leurs bras blancs et frêles comme les anses d'une amphore d'albâtre, et secouant leurs mains chargées de crotales sonores; jamais Herculanum ni Pompéïa ne virent se découper sur leurs murailles de plus gracieuses silhouettes.

Musidora s'arrêta pour les considérer.

— Ne faites pas attention à ces barbouillages, dit Fortunio en faisant entrer Musidora dans une chambre latérale.

— Avouez, Musidora, que vous vous attendiez à mieux. Vous devez me trouver un assez maigre Sardanapale. Je n'ai offert jusqu'ici à vos yeux que des régals peu chers ; mes magnificences asiatiques et babyloniennes sont des plus misérables, et c'est tout au plus si j'atteins à la *mediocritas aurea* d'Horace; un ermite pourrait demeurer ici.

En effet, la pièce dans laquelle il avait conduit Musidora était d'une grande simplicité. — On n'y voyait d'autres meubles qu'un divan très-bas qui en faisait le tour ; les murs, le plafond et le plancher étaient recouverts de nattes d'une extrême finesse, zébrées de dessins éclatans. Des jalousies de joncs de la Chine, arrosés d'eau de senteur, qui laissaient transparaître les contours estompés d'un paysage lointain, s'abaissaient sur les fenêtres vitrées de verres blancs historiés de pampres rouges. Au milieu du plafond, dans une espèce d'œil-de-bœuf, s'enchâssait un globe de verre rempli d'une eau claire et splendide où sautelaient des poissons bleus à nageoires d'or ; leur mouvement perpétuel faisait miroiter la chambre de reflets changeans et prismatiques de l'effet le plus bizarre ; — précisément au-dessous de ce globe, un petit jet d'eau dardait en l'air son mince filet de cristal, tremblotant au moindre souffle et qui retombait sur une vasque de porphyre en pluie perlée et grésillante.—Dans un angle se balançait un hamac de fibres de latanier, et dans l'autre un hooka magnifique tortillait ses anneaux noirs et souples autour d'un vase à rafraîchir la fumée, en cristal de roche, enjolivé de filigranes d'argent. — C'était tout.

— Asseyez-vous, belle reine, dit Fortunio en enlevant avec beaucoup de dextérité le cachemire de Musidora, — et il la conduisit par le bout de la main dans l'angle du divan.

— Mettez ce coussin derrière vous, et celui-ci sous votre coude, et cet autre sous vos pieds. — Là, bien ; — voyez-vous, il n'y a que les Orientaux qui sachent s'asseoir convenablement, et un de leurs poëtes a fait ce distique, qui a plus de sens que toutes les philosophies du monde : — Mieux vaut être assis que debout, couché qu'assis, mort que couché. — Trouvez-moi donc dans toutes les lamentations des rimeurs à la mode quelque chose qui vaille le simple distique du bon Ferideddin-Atar.

Et en disant cela, Fortunio s'étendit sur une natte de fibres de latanier, en face de Musidora.

— Vous êtes couché, vous voilà déjà parvenu au deuxième degré du bonheur, selon votre poëte arabe, fit Musidora ; ce matin, j'ai été bien près de passer au troisième degré.

— Comment, interrompit Fortunio en se soulevant sur son coude; vous avez manqué mourir ce matin? Serait-ce seulement votre ombre que je vois? Mais non, vous êtes bien vivante (et, comme pour s'en assurer, il lui prit le pied et lui baisa). — Je sens votre peau tiède et flexible à travers ce mince réseau.

— Cela n'empêche pas que si votre billet n'était pas arrivé à midi moins cinq minutes, je serais maintenant blanche et froide, et assurée pour longtemps du bonheur de l'horizontalité. — A midi je devais me tuer.

— Si passionné orientaliste que je sois, je ne suis de l'avis de Ferideddin-Atar que jusqu'à la moitié de son second vers. — Le dernier hémistiche est excellent pour les hommes qui ne sont pas seulement millionnaires et les femmes que la laideur réduit à la vertu. — Vous n'êtes pas dans ce cas. Quel motif vous poussait à cette résolution violente de vous tuer à midi précisément?

— Que sais-je, j'avais des vapeurs ; les diables bleus me martelaient le crâne ; j'étais contrariée, excédée ; — je ne savais à quoi employer ma journée, en sorte que ne pouvant tuer le temps, j'avais pris le parti de me tuer moi-même ; ce que j'aurais sérieusement exécuté si le désir d'essayer votre calèche ne m'eût rattachée à la vie.

— Beaucoup de gens que je connais se sont donné

pour vivre de moins bonnes raisons que celle-là. — Un de mes amis, qui avait déjà fourré mignonnement la gueule de son pistolet dans sa bouche, se ressouvint fort à propos qu'il avait oublié de se faire une épitaphe. Cette idée de ne pas avoir d'épitaphe le contraria sensiblement ; il déposa son pistolet sur la table, prit une feuille de papier et écrivit les vers suivans :

> Des cruautés du sort la volonté triomphe ;
> Le plus faible mortel peut vaincre le destin.
> Quand on a du courage et que.....

Ici notre malheureux ami s'arrêta faute de rime ; il se gratta le front, se mordit les ongles, mais vainement ; il sonna son domestique, se fit apporter un dictionnaire de rimes qu'il feuilleta d'un bout à l'autre sans trouver ce qu'il lui fallait, car triomphe n'a pas de rime ; de Marcilly entra par hasard et l'emmena au jeu, où il gagna cent mille francs, ce qui le remit à flot. Depuis ce temps, il vit en joie et n'embrasse plus le canon de ses pistolets. Cette histoire, très-véridique, prouve l'utilité des rimes difficiles en matière d'épitaphe.

— Ah ! Fortunio, que vous êtes cruellement persifleur, dit Musidora avec un léger accent de reproche ; croyez-vous donc que ce ne soit pas une excellente raison de mourir qu'un amour dédaigné ?

Fortunio fixa sur elle ses prunelles limpidement

bleues avec une expression de douceur infinie ; puis, par un brusque mouvement, il s'élança de sa natte sur le divan, et passant un de ses bras derrière elle, il fit ployer jusqu'à lui sa taille souple et mince.

— Eh ! qui vous a dit, enfant, que votre amour fût dédaigné ?.....

.....Un râle effroyable, enroué et guttural, se fit entendre à peu de distance de la chambre.

Musidora se dressa tout épouvantée.

— C'est ma tigresse qui me sent et qui voudrait me voir. Cette diable de bête aura rompu sa chaîne ; elle n'en fait jamais d'autres ; — excusez-moi, madame, je vais l'attacher plus solidement et lui parler un peu pour la calmer ; elle est jalouse de moi comme une femme.

Fortunio prit un kriss malais caché sous un coussin et sortit. Musidora l'entendit qui jouait avec la tigresse dans le corridor ; Fortunio parlait dans une langue inconnue que la tigresse semblait comprendre et à laquelle elle répondait par de petits mugissemens ; — les battemens joyeux de sa queue résonnaient sur le mur comme des coups de fléau. Au bout de quelques minutes, le bruit s'éteignit, et Fortunio revint.

Il avait quitté son habit de cheval, et il portait un costume d'une magnificence bizarre.

Une espèce de caftan de brocart, à larges manches, serré à la taille par un cordon d'or, se plissait puissamment autour de son corps gracieux et robuste ; sur sa tête était posée une calotte de velours rouge brodée d'or et de perles, avec une longue houppe qui lui pendait jusqu'au milieu du dos ; ses cheveux, naturellement bouclés, s'en échappaient en noires spirales de l'effet le plus pittoresque.

Ses pieds nus jouaient dans des babouches turques. — Un vaste caleçon de soie rayée complétait cet ajustement.

Par sa chemise ouverte l'on voyait la blancheur de sa poitrine de marbre, sur laquelle brillait une petite amulette ornée de broderie et de paillettes, assez pareille aux petits sachets que portent au cou les pêcheurs napolitains.

Était-ce, chez le Fortunio, superstition, bizarrerie, caprice, tendre souvenir, pur amour de la couleur locale, c'est ce que l'on n'a jamais bien pu savoir ; toujours est-il que les nuances tranchées et le clinquant de l'amulette faisaient merveilleusement ressortir l'éclat marmoréen de sa chair souple et polie.

— Musidora, dit-il en rentrant dans la chambre, avez-vous soif ou faim ? Nous allons tâcher de trouver un morceau à manger et un coup à boire. — Vous aurez de l'indulgence pour un ménage de campagne dirigé par un garçon à moitié sauvage, — qui en fait de cuisine ne sait accommoder que des pieds d'éléphant et des bosses de bison. Venez par ici, dit-il en soulevant la portière ; — n'ayez pas peur.

Fortunio ayant posé son bras sur la taille de Musidora, comme Othello lorsqu'il reconduit Desdemona, fit entrer sa tremblante beauté dans un petit salon hexagone décoré à la Pompadour, tapissé d'un damas rose à fleurs d'argent avec des dessus de portes de Watteau, et pour plafond un ciel vert-pomme tout pommelé de petits nuages et peuplé d'essaims de gros amours joufflus, jetant les fleurs à pleines mains.

Quoiqu'il fît grand jour partout ailleurs, il était nuit dans le petit salon ; car il est du dernier ignoble et tout à fait indigne d'un homme qui fait profession de sensualité élégante de manger autrement qu'aux bougies.

Deux lustres pendaient du plafond, attachés à des tresses rose et argent, assorties à la tenture.

Dix torchères chargées de bougies, entrelaçant leurs branches capricieuses avec les bordures des trumeaux, répandaient une éblouissante clarté sur les dorures des meubles et les fleurs argentées de la tapisserie.

Au fond, sous un baldaquin à glands d'argent, s'épanouissait comme un lis gigantesque un merveilleux sopha de satin blanc broché d'or.

A toutes les encognures, des étagères et des cabinets de vieux laque pliaient sous les magots de la Chine, les pots du Japon et les groupes de biscuit.

— C'était un vrai boudoir de marquise.

Fortunio prit un fauteuil et le posa au milieu de la chambre ; il en plaça un autre précisément en face et s'assit en invitant Musidora à en faire autant.

— Maintenant, mangeons, dit-il de l'air le plus sérieux du monde. J'ai plus d'appétit que je ne l'espérais, et il releva ses manches comme quelqu'un qui s'apprête à découper.

Musidora le regarda avec quelque inquiétude et eut peur un instant qu'il n'eût perdu la raison ; mais il avait l'air parfaitement de sang-froid. Cependant il n'y avait rien dans la chambre qui indiquât que l'on allait y manger, ni table, ni vaisselle, ni domestique.

Tout à coup deux feuilles du parquet se replièrent à la grande surprise de Musidora, et une table splendidement éclairée se leva lentement avec deux *servantes*, chargées de tous les ustensiles nécessaires à bien manger.

Les figures et les ornemens du surtout, écaillés à tous leurs angles de paillettes de lumière, jetaient un éclat à faire baisser les yeux au dieu du jour luimême ; le ton vert aqueux des urnes de malachite, où le vin de Champagne grelottait dans sa mince robe de verre sous les blancs cristaux de la glace, contrastait heureusement avec les teintes fauves des ors ; — des corbeilles de filigrane d'or et d'argent, précieusement travaillées avec des découpures plus frêles et plus fenestrées qu'une dentelle de Brabant, étaient remplies des fruits les plus rares : c'étaient des raisins vermeils et blonds comme l'ambre, d'énormes pêches aux joues de velours incarnat, des ananas aux feuilles dentelées en scie, exhalant les chauds parfums du tropique ; des cerises et des fraises d'une grosseur monstrueuse. Les primeurs du printemps et les derniers présens que l'automne

verse de sa corbeille tardive se rencontraient sur cette
table, étonnés de se voir pour la première fois face
à face.— Les saisons et l'ordre ordinaire de la nature
ne paraissaient pas exister pour Fortunio.

Sur des coupes de porphyre s'élevaient en pyra-
mide des sucreries, des confitures des îles, des conserves de rose, des grenades, des oranges, des cé-
drats et tout ce que la plus luxueuse gourmandise
peut réunir de raffiné, d'exquis et de ruineusement
rare.

Nous avons tout d'abord, intervertissant l'ordre
habituel, commencé par le dessert ; mais le dessert
n'est-il pas tout le dîner pour une jolie femme. Cependant, afin de rassurer le lecteur qui trouverait
ces mets trop peu substantiels pour un héros de la
taille et de la force de Fortunio, nous lui dirons que,
dans des plats armoriés et d'une ciselure admirable,
posés sur des réchauds de platine niellé, fumaient
des cailles rôties, entourées d'un chapelet d'ortolans;
des quenelles de poisson, des purées de gibier ; et,
pour pièce principale, un faisan de la Chine avec
ses plumes. Je ne sais quoi encore, des laitances de
surmulet, des rougets, des crevettes et autres éperons
à boire.

Le vin d'Aï, que nous avons seul nommé, pourrait sembler trop frivole et d'une pétulance trop éva-
porée pour un buveur aussi sérieux que Fortunio;
des flacons de verre de Bohême, tout brodés d'arabesques d'or, contenaient dans leur ventre transpa-

rent de quoi établir une ivresse sur un pied de solidité convenable. —C'était du vin de Tokay comme M. de Metternich lui-même n'en a jamais bu, du Johannisberg six foix au-dessus du nectar des dieux pour la saveur et le bouquet, du véritable vin de Schiraz dont, au moment où cette histoire a été écrite, il n'existait que deux bouteilles en Europe, l'une chez Georges et l'autre chez de Marcilly, qui les gardaient sous triple clé pour quelque occasion suprême.

—Fortunio, vous ne me tenez pas parole, vous vous jetez, pour me recevoir, dans des magnificences effroyables, dit Musidora d'un ton de reproche amical. Est-ce que vous attendez du monde? voici une collation qui pourrait servir de repas de noce à Gamache ou à Gargantua.

—Aucunement, chère reine; je n'ai pas fait le moindre préparatif; personne ne hait plus que moi les cérémonies, et je trouve que la cordialité est le meilleur assaisonnement d'un repas. —Ce n'est qu'un simple *encas* que l'on me tient toujours prêt le jour comme la nuit, afin que si la faim me prend à une heure ou à une autre, l'on ne soit pas obligé de descendre dans la basse-cour couper le cou à un poulet, le plumer et le mettre à la broche. —Je vous l'ai dit, je suis d'une simplicité tout à fait patriarcale. Je ne mange que lorsque j'ai faim, et ne bois que lorsque j'ai soif; et quand j'ai envie de dormir, je me couche.

—Mais je vous en prie, mon petit ange, pénétrez-vous un peu plus de cette pensée que vous êtes à table.

—Vous ne touchez à rien, et les morceaux restent tout entiers sur votre assiette. Ne craignez pas de me désenchanter en dînant de bon appétit; je n'ai pas là-dessus les idées de lord Byron, et d'ailleurs je n'aime pas les ailes de volaille. —Je serais immensément fâché, madame, que vous fussiez une simple vapeur.

Malgré les instances de Fortunio, Musidora se contenta de sucer quelques *drogues* et de boire deux ou trois verres de tisane rosée, avec un doigt de crème des Barbades. Elle était trop émue pour avoir faim, et la présence de l'idole de son cœur la troublait à ce point qu'elle pouvait à peine porter sa fourchette à sa bouche. Quelle félicité parfaite! dîner en tête-à-tête avec le Fortunio impalpable, être servi par lui, dans sa retraite inconnue à tous; être vengée d'une façon aussi splendide des petits airs compatissans de Phébé et d'Arabelle, et peut-être, — tout à l'heure, — idée voluptueuse et charmante à laquelle on n'osait trop s'arrêter, poser sa tête sur cette belle poitrine, solide et blanche, et nouer ses bras autour de ce cou, si rond et si pur!

Fortunio était aux petits soins pour elle, et il lui disait, avec cet air grand seigneur et presque royal qui lui était naturel, des choses d'une grâce et d'une délicatesse exquises.

Nous aurions bien voulu rapporter cette conversation étincelante, mais nous ne le pouvons sans afficher un orgueil intolérable; en romanciers consciencieux, nous avons fabriqué un héros si parfait que nous n'osons pas nous en servir. Nous éprouvons à peu près le même embarras, — *si parva licet componere magnis*, — que dut éprouver Milton lorsqu'il avait à faire parler le bon Dieu dans son admirable poëme du *Paradis perdu;* nous ne trouvons rien d'assez beau, rien d'assez splendide. Le cours de la narration nous force en outre à des phrases de cette nature : « A cette spirituelle saillie de Fortunio, un délicieux sourire illumina la bouche de Musidora. » Il est de toute nécessité que la gaîté soit spirituelle, ou tout au moins en ait l'air, ce qui est déjà fort difficile; il y a aussi une situation bien déplorable pour un auteur doué de quelque modestie : c'est lorsque le héros récite une pièce de vers produisant un grand effet sur son auditoire, qui s'écrie, à la fin de chaque strophe : Admirable! sublime! bien! très-bien! encore mieux! — Pour nous, plus timides, nous emploierons volontiers le moyen commode des anciens peintres, qui, lorsqu'ils ne savaient pas dessiner un objet ou qu'ils le trouvaient trop difficile à rendre, écrivaient à la place : *Currus venustus*, ou *pulcher homo*, selon que c'était un homme ou une voiture.

La collation était achevée depuis longtemps, la table avait disparu par sa trappe comme un damné d'opéra, et Fortunio, assis sur le canapé, noyait sa main dans les ondes blondissantes des cheveux de Musidora, dont la tête, chargée d'amour, ployait comme une fleur pleine d'eau ; des frissons spasmodiques couraient sur son corps ; sa gorge, en éveil, sautelait sous la robe ; ses bras, pâmés, languissaient et mouraient : on eût dit qu'elle allait s'évanouir.

Fortunio se pencha vers elle, et leurs bouches se prirent dans un délicieux et interminable baiser.

CHAPITRE XVII.

Il ne nous est plus permis de rester dans le petit salon.

La sainte Pudeur, voilant ses beaux yeux de sa blanche main aux doigts écartés, se retire en regardant quelquefois par-dessus son épaule, apparemment pour voir si son ombre la suit.

Nous serions volontiers resté : — rien ne nous paraît plus chaste et plus sacré que les caresses de deux êtres jeunes et beaux. — Mais peu de personnes sont de notre avis ; ainsi donc, à notre grand regret, nous laissons nos deux amans emparadisés dans les bras l'un de l'autre, et nous allons nous occuper à réfuter quelques objections qu'on nous fera sans doute.

Musidora n'a pas dit un seul mot de son amour à Fortunio ; c'est là une faute grossière : elle aurait dû parler à perte de vue et se livrer à la métaphysique de sentiment la plus transcendante ; nous aurions eu là une belle occasion de faire voir *combien notre cœur est fait pour l'amour*, et nous aurions pu remplir un nombre de pages assez confortable. — Mais le fait est qu'elle n'a rien dit, et, en notre qualité de romancier fantastique, la vérité nous est trop sacrée pour que nous puissions nous permettre de supposer une seule phrase.

Ses yeux inondés de moites lueurs, sa gorge agitée, sa voix tremblante, ses pâleurs et ses rougeurs subites, expliquaient l'état de son âme beaucoup plus éloquemment que ne l'auraient pu faire les périodes les plus savantes. Et le baiser muet de Fortunio était, dans son genre, une réponse parfaite. Vous savez bien d'ailleurs que l'on ne parle que lorsqu'on n'a rien à dire. Peut-être trouvera-t-on que Musidora a cédé bien vite à Fortunio : ce n'est que la seconde fois qu'elle se trouve avec lui, et il n'a déjà plus rien à désirer.

Nous allèguerons pour excuse que la profession de Musidora n'était pas d'être vertueuse. Ensuite nous dirons, en manière d'apophthegme, que la passion est prodigue, et qu'aimer c'est donner.

Il y a beaucoup de femmes estimables qui, la première quinzaine, accordent la main, et à la fin du premier mois le pied ; — au second, elles abandonnent la joue et puis la bouche, et ainsi de suite. Leur personne est divisée par compartimens, qu'elles cèdent un à un, se ménageant et se détaillant pour faire durer un peu leurs frêles intrigues, persuadées apparemment que leur possession est le plus excellent antidote contre l'amour. — Il faut pour cela une grande modestie, modestie du reste plus commune qu'on ne pense ; la pudeur des femmes n'est autre chose que la crainte de n'être pas trouvées assez belles. C'est ce qui fait que les belles filles se donnent plus facilement que les laides. Il n'y a pas de résistance plus furieuse que celle d'une femme qui a le genou mal tourné.

Musidora n'avait pas cette idée humble et modeste que le don de sa personne dût éteindre l'amour ; elle se livra tout entière et sur-le-champ à Fortunio, non pour contenter ses désirs, mais pour lui en inspirer ; elle se donnait à lui pour qu'il eût envie de l'avoir : c'est un calcul habile et qui réussit plus souvent qu'on ne pense. Chez les belles et fortes natures, l'amour c'est la reconnaissance du plaisir.

Aussi Musidora a-t-elle attaqué le cœur de Fortunio par la volupté, excellente manière d'entrer en campagne. — D'ailleurs, à quoi bon attendre ! Avec un homme aussi fugitif que le Fortunio, ce serait une chose chanceuse.

Profitons donc du moment où nos deux principaux personnages *oublient l'existence du monde*, pour dire quelque chose de notre héros, car le devoir de tout écrivain est de débrouiller devant son lecteur l'écheveau qu'il a emmêlé à plaisir et de dissiper les nuages mystérieux qu'il a assemblés lui-même, dès le commencement de l'ouvrage, pour empêcher d'en apercevoir trop clairement la fin.

Fortunio, est un jeune seigneur de la plus pure noblesse, aristocrate comme le roi et aussi bon gentilhomme. Le marquis Fortunio, son père, dont la fortune était dérangée, l'a envoyé tout jeune dans l'Inde chez un de ses oncles (pardon de l'onclé), nabab d'une richesse colossale et titanique.

La jeunesse de Fortunio s'est passée à chasser au tigre et à l'éléphant, à se faire porter en palanquin, à boire de l'arach, à mâcher du bétel ou à regarder, assis sur un tapis de Perse, danser les bibiaderi avec leurs petits pieds chargés de clochettes d'or, et leurs seins enfermés dans des étuis de bois de senteur.

Son oncle, vieillard voluptueux et spirituel qui avait ses idées particulières sur l'éducation des enfans, avait laissé le caractère de Fortunio se développer en toute liberté, curieux, disait-il, de voir ce que pourrait devenir un enfant à qui l'on ne ferait jamais une observation et qui aurait tous les moyens possibles de mettre sa volonté au jour.

Son inépuisable fortune lui donnait toutes les facilités possibles pour exécuter ce plan d'éducation ; et jamais son neveu n'eut de caprice qui ne fût accompli sur-le-champ.

Il ne lui parlait jamais ni morale ni religion, il ne lui fit peur ni de Dieu ni du diable, ni même du code, les lois n'existant plus pour quelqu'un qui a vingt millions de rente ; il laissa cette vigoureuse plante humaine pousser à droite et à gauche ses jets vivaces et chargés d'un parfum sauvage ; il n'émonda rien, ne retrancha rien, ni une épine, ni un nœud, ni une branche bizarrement contournée ; mais aussi il ne fit pas tomber une seule feuille, une seule fleur. Fortunio resta tel que Dieu l'avait fait.

Jamais un désir inassouvi ne rentra dans son cœur pour le dévorer avec ses dents de rat; ses passions, toujours satisfaites, ne laissaient sur son front aucun pli, aucune ride; il était doux, calme et fort comme un dieu, dont il avait presque la puissance exterminatrice. Jeune, bien fait, vigoureux, riche, spirituel, il ne connaissait personne au monde qu'il pût envier, et il se sentait envié partout. Il n'avait pas même à désirer la beauté de la femme, car ses maîtresses se plaisaient à s'avouer vaincues et inférieures à lui pour l'inimitable perfection des formes.

A quinze ans il avait un sérail, cinq cents esclaves de toutes couleurs pour le servir, et autant de lacks de roupies qu'il en pouvait dépenser; le trésor de son oncle lui était ouvert, et il y puisait largement.

Jamais le souci de son avenir ou de sa fortune ne vint ternir son beau front du reflet de son aile de chauve-souris : il vivait nonchalamment dans une atmosphère d'or, ne s'imaginant pas qu'il en pût être autrement. Sa surprise fut grande lorsqu'il découvrit qu'il existait des gens qui n'avaient pas même trois cent mille livres de rentes.

Comme tous les enfans gâtés, Fortunio devint un homme supérieur; il avait ses vices, mais il avait aussi ses qualités.

Les instituteurs ordinaires ne veulent pas comprendre que la montagne suppose une vallée, la tour un puits, et toute chose qui brille au soleil, une excavation profonde et ténébreuse d'où on l'a tirée.

Rien n'est plus détestable au monde qu'un homme uni et raboté comme une planche, incapable de se faire pendre, et qui n'a pas en lui l'étoffe d'un crime ou deux.

Fortunio était capable de tout, en bien comme en mal, mais sa position était telle qu'il lui était tout à fait inutile de nuire ; du haut de sa richesse il voyait les hommes si petits qu'il ne daignait pas s'en occuper ; cette noire fourmilière de misérables s'agitant sous ses pieds et suant toute une année pour gagner à grand'peine ce qu'il avait d'or à dépenser par minute, lui semblait peu digne d'attirer l'attention d'un homme bien né ; il ne comprenait guère la charité ni la philanthropie, mais ses caprices faisaient toujours pleuvoir autour de lui une abondante rosée d'or, et tous ceux qui vivaient dans son ombre devenaient bientôt riches ; — en somme, il faisait plus de bien que trente mille hommes vertueux et distributeurs de soupes économiques. Il était bienfaisant à la manière du soleil, qui, sans donner un sou à personne, fait la vie et la richesse du monde.

Comme il n'avait eu aucun précepteur ni aucun maître, il savait beaucoup de choses et les savait parfaitement, les ayant apprises tout seul ; étant placé haut et n'étant arrêté par aucun préjugé de naissance ou de position, il voyait au loin et au large.

S'il avait voulu être empereur ou roi, il l'aurait été ; avec son audace, son intelligence, sa beauté, sa connaissance des hommes et ses puissans moyens de corruption, rien ne lui eût été plus facile ; par nonchalance et par dédain, il laissa les potentats en paix sur le trône, se contentant d'être roi de fait.

Un caractère distinctif de Fortunio, c'est que pouvant tout il n'était blasé sur rien ; il n'estimait aucune chose au-dessus de sa valeur, mais il n'avait pas de mépris systématique.

Comme tous ses désirs étaient accomplis presque aussitôt que formés, il n'éprouvait pas cette fatigue que cause la tension de l'âme vers un objet qu'elle ne peut atteindre ; car ce n'est pas la jouissance qui use, mais le désir.

Il aimait le vin, la bonne chère, les chevaux et les femmes, comme s'il n'en n'avait jamais eu ; tout ce qui était beau, splendide et rayonnant lui plaisait ; il comprenait aussi bien les magnificences d'une chaumière avec un seuil encadré de pampres, un toit velouté de mousses brunes et panaché de giroflées sauvages, que les splendeurs d'un palais de marbre aux colonnes cannelées, à l'attique hérissé d'un peuple de blanches statues ; il admirait également l'art et la nature ; il aimait passionnément les femmes à cheveux rouges, ce qui ne l'empêchait pas de s'accommoder fort bien des négresses et des filles de couleur ; les Espagnoles le charmaient, mais il adorait les Anglaises et ne dédaignait aucunement les Indiennes ; les Françaises mêmes lui paraissaient fort agréables ; il avait aussi un goût très-vif pour les vierges de Raphaël et les courtisanes du Titien ; bref, un ecclectique de la plus haute volée, et personne ne poussa plus loin le cosmopolitisme. Cependant, nous l'avouons à sa honte ou à sa louange, on ne lui vit jamais de maîtresse en pied, et personne ne lui connut de domicile légal.

Quant à ses esclaves, noirs, jaunes ou rouges, ils étaient aussi souvent rossés que les Scapins de comédie ou les Davus des pièces de Plaute.

Chose étrange ! il était adoré de cette valetaille, et ils se fussent jetés au feu pour lui complaire ; il les traitait tellement en animaux qu'il leur avait fait croire qu'ils étaient des chiens et leur en avait inspiré la servilité passionnée.

Jamais il ne lui arriva de répéter deux fois le même ordre ; même il était rare qu'il prît la peine de formuler sa volonté avec la parole, un geste, un clin d'œil suffisait.

Il y avait toujours, sous la remise, une voiture attelée et deux chevaux sellés ; — un dîner perpétuel était tenu prêt dans l'office ; il n'était pas encore arrivé à Fortunio d'attendre quelqu'un ou quelque chose ; — deux belles filles se tenaient, nuit et jour, dans un cabinet à côté de sa chambre à coucher, en cas qu'il lui passât par la tête quelque fantaisie amoureuse. — C'était, comme on voit, un homme de précaution.

L'obstacle et le retard lui étaient inconnus ; il ne savait pas ce que c'était que le lendemain. Pour lui tout pouvait être aujourd'hui, et il avait la puissance de faire de l'avenir le présent.

Lorsque son oncle mourut, il avait vingt ans environ ; le désir le prit de voir l'Europe, la France et Paris.

Il y vint, emportant avec lui vingt fortunes, tonnes d'or, cassettes de diamans et le reste.

D'abord, accoutumé qu'il était aux magnificences orientales, tout lui parut misérable, étriqué, mesquin. Les grands seigneurs les plus riches lui faisaient l'effet de mendians déguenillés ; cependant il découvrit bientôt, sous cet aspect pauvre et terne, des mondes d'idées dont il ne soupçonnait pas l'existence. Il fit dans ces régions nouvelles des enjambées de géant. Il fut bientôt aussi au courant qu'un Parisien de race, grâce au flair admirable dont la nature l'avait doué.

Cela lui plaisait, après avoir goûté les charmes pénétrans et sauvages de la vie barbare, d'essayer de tous les raffinemens de la civilisation la plus extrême ; après avoir chassé le tigre sur un éléphant, avec les Malais, dans les jangles de Java, il lui semblait piquant de courir le renard, en habit rouge, avec les membres du parlement, sur un cheval demi-sang ; après avoir vu, à l'ombre de la grande pagode de Bénarès, danser les véritables bibiaderi, assis les jambes croisées, en robe de mousseline, sur une natte de joncs parfumés, il trouvait plaisant de voir, à l'Opéra, avec un binocle et des gants jaunes, mademoi-

10

selle Taglioni dans le *Dieu et la Bayadère*; seulement, dans les premiers temps, il avait beaucoup de peine à se retenir de couper la tête des bourgeois qui l'ennuyaient.

La seule chose à laquelle ses habitudes orientales ne purent se plier, c'est de voir sa maison ouverte à tout le monde et de hardis pirates se glisser jusqu'aux plus secrets recoins de sa vie sous le nom d'amis intimes.

Il rencontrait ses compagnons de plaisir dans le monde, aux théâtres, dans les promenades, mais aucun n'avait mis le pied chez lui, ou, s'il ne pouvait s'empêcher de les recevoir, c'était dans quelque appartement loué pour la circonstance et qu'il quittait aussitôt, de peur de les y voir revenir.

Sa vie était divisée en deux parties bien complètes : l'une tout extérieure, courses au clocher, soupers fins et folies de toute espèce ; l'autre mystérieuse, séparée et profondément inconnue.

On avait fait cette remarque à Fortunio, qu'il n'avait ni duchesse ni danseuse, et qu'il lui manquait cela pour être tout à fait du bel air ; à quoi il répondit qu'il trouvait les unes trop vieilles et les autres trop maigres.

Pourtant on le rencontra le lendemain, aux Bouffes, avec une danseuse, et le surlendemain, à l'Opéra, avec une duchesse ; — la danseuse était grasse et la duchesse jeune, chose doublement extraordinaire.

Fortunio, ayant fait ce sacrifice aux convenances,

reprit son train de vie ordinaire, apparaissant et disparaissant sans jamais dire où il allait ni d'où il venait.

La curiosité de ses camarades avait d'abord été excitée au plus haut degré, mais peu à peu elle s'était assoupie, et l'on avait accepté le Fortunio tel qu'il se donnait. L'amour de Musidora avait réveillé ce désir de pénétrer les mystères de sa vie, et l'on parlait plus que jamais de ses bizarreries; cependant l'on était forcé de s'en tenir à de vagues conjectures. La vérité n'était sue de personne. Georges lui-même ne connaissait de Fortunio que ce qui se rapportait à son séjour dans l'Inde.

Nous n'avons rien à communiquer au lecteur de plus intime sur le compte de Fortunio; toutefois nous espérons le traquer bientôt dans sa dernière retraite.

CHAPITRE XVIII.

La calèche aux chevaux gris pommelés est retournée vide chez Musidora, au grand étonnement de Jacinthe, de Jack et de Zamore. La colombe Musidora a choisi, pour cette nuit, le nid du milan Fortunio.

Un rayon de soleil rose et vermeil glisse sous les rideaux d'un lit somptueux à colonnes torses et surmonté d'une frise sculptée.

Comme une abeille incertaine qui va se poser sur une fleur, il tremble sur la bouche de Musidora, endormie dans ses cheveux dénoués et les bras gracieusement arrondis au-dessus de sa tête.

Les oreillers au pillage, les couvertures rejetées, tout indiquait une veille voluptueuse prolongée bien avant dans la nuit.

Fortunio, appuyé sur un coude, regardait avec une attention mélancolique la jeune fille abritée sous l'aile de l'ange du sommeil.

Ses formes délicates et pures apparaissaient dans toute leur perfection; sa peau, fine et soyeuse comme une feuille de camélia, légèrement rosée en quelques endroits par l'impression d'un pli du drap ou la marque d'un baiser trop vivement appuyé, luisait sous la tiède moiteur du repos ; — une tresse de ses cheveux débouclés, passant entre son col et son bras, descendait en serpentant sur sa poitrine jusqu'à la pointe de sa gorge, qu'elle semblait vouloir mordre comme l'aspic de Cléopâtre.

Au bout du lit, un de ses pieds nu, blanc, potelé, avec des ongles parfaits, semblables à des agates ; un talon rose, des chevilles mignonnes au possible, sortait de la couverture. — L'autre, replié assez haut, se devinait vaguement sous l'abondance des plis.

La couleur fauve et blonde de Fortunio contrastait heureusement avec l'idéale blancheur de Musidora, c'était un Georgione à côté d'un Lawrence ; l'ambre jaune italien à côté de l'albâtre à veines bleuâtres de l'Angleterre, et l'on eût vraiment hésité à dire lequel était le plus charmant des deux.

L'œil exercé de Fortunio analysait les beautés de sa maîtresse avec le double regard de l'amant et de l'artiste. Il se connaissait en femmes aussi bien qu'en statues et en chevaux ; ce qui n'est pas peu dire. — Il paraît que son examen le satisfit, car un sourire de contentement erra sur ses lèvres ; il se pencha vers Musidora et l'embrassa doucement, de peur de l'éveiller, puis il reprit sa contemplation silencieuse.

— Elle est très-belle, dit-il à demi-voix, mais décidément j'aime encore mieux Soudja-Sari la Javanaise. J'irai la voir demain.

— N'avez-vous pas parlé, mon cher seigneur,

fit Musidora en soulevant ses longues franges de cils ?

— Non, petite reine, répondit Fortunio en la pressant dans ses bras.

Nous pouvons affirmer que Fortunio ne paraissait guère en ce moment penser à Soudja-Sari la Javanaise.

CHAPITRE XIX.

Nous voici retombé de nouveau dans nos perplexités ; — nous étions parvenu à découvrir l'origine de la richesse de Fortunio. Nous nous étions procuré des renseignemens assez satisfaisans sur la façon dont il avait été élevé, ses habitudes de vivre, sa morale et sa philosophie ; malgré toute son habileté à ne pas se laisser prendre et sa souplesse de Protée pour se dérober aux curieux, nous étions venu à bout de lui mettre la main sur le collet et de pénétrer dans une de ses retraites, — peut-être même dans son terrier principal. Et voilà que toutes nos peines sont perdues ; — il faut nous remettre en quête et flairer sur tous les pavés la trace de ce nouveau mystère.

Quelle scélérate idée a poussé ce damné Fortunio à prononcer dans le lit, à côté de Musidora, un nom aussi incongru que celui de Soudja-Sari ?

Il est évident que nos lectrices voudront savoir ce que c'est que Soudja-Sari. — Soudja-Sari la Javanaise ? — Est-ce une maîtresse que Fortunio a eue dans les Indes, la femme à qui est adressé le *pantoum* malais trouvé dans le portefeuille volé et traduit par le rajah marchand de dattes?

Il nous est impossible de décider cette question importante; c'est pour la première fois que nous entendons le nom de Soudja-Sari; elle nous est aussi inconnue que le grand khan de Tartarie, et nous avouons que ce souvenir de Fortunio est tout à fait déplacé.

N'a-t-il pas Musidora, une ravissante créature, une perle sans pareille, dont l'âme, régénérée par l'amour, est aussi charmante que l'enveloppe; le suprême effort de la nature pour prouver sa puissance, tout ce qu'on peut imaginer de suave, de délicat, de parfait et d'achevé?

— N'est-ce pas assez pour un roman d'un volume, et devons-nous favoriser à ce point le libertinage de notre héros, que de lui accorder deux maîtresses à la fois? Il vaudrait mieux donner six amans à Musidora que deux maîtresses à Fortunio. Les femmes nous le pardonneraient plus facilement, Dieu sait pourquoi.

— Nous ferons tous nos efforts pour contenter la curiosité de nos lectrices.

— Soudja-Sari n'est pas une ancienne maîtresse de Fortunio, puisqu'il vient de dire qu'il l'ira voir demain; où l'ira-t-il voir?..... Je ne pense pas que ce soit à Java: il n'y a pas encore de chemin de fer de Paris à Java; et quand même Fortunio posséderait le bâton d'Abarys, il ne pourrait faire ce voyage du soir au lendemain, et il a promis à Musidora de se montrer avec elle, en grande loge, à l'Opéra, à la prochaine représentation. — Ainsi, Soudja-Sari est donc à Paris ou dans la banlieue.

— Mais, dans quel endroit? *Est-ce cité Bergère, où logent les houris*, ou dans le faubourg Saint-Germain, à Saint-Maur ou à Auteuil? *Hic jacet lepus :* C'est là que gît le lièvre.

— Nous nous bornerons à dire que Soudja-Sari signifie : OEil plein de langueur, suivant l'usage oriental, qui donne aux femmes des noms tirés de leurs qualités physiques.

Grâce à la traduction de ce nom significatif, que nous devons à l'obligeance d'un membre de la Société asiatique, très-fort sur le javan, le malais et autres patois indiens, nous savons que Soudja-Sari est une belle à l'œil voluptueux, au regard velouté et chargé de rêveries.

— Qui l'emportera, des yeux de jais de Soudja-Sari ou des prunelles d'aigue-marine de Musidora?

CHAPITRE XX.

L'habitation de Fortunio avait un pied dans la rivière ; — un escalier de marbre blanc, dont l'eau montait ou descendait quelques marches, suivant l'abondance des pluies ou l'ardeur de la saison, conduisait de la chambre de Fortunio à une petite barque dorée et peinte couverte d'un tendelet de soie.

Fortunio proposa de faire un tour sur la rivière avant de déjeuner ; Musidora y consentit.

Elle se plaça, à l'ombre du tendelet, sur une estrade de carreaux ; Fortunio se coucha à ses pieds, fumant son hooka, et quatre nègres, vêtus de casaques rouges, firent voler la barque comme un martin-pêcheur qui coupe l'eau du tranchant de son aile.

Musidora plongeait sa main délicate dans les cheveux soyeux et noirs de Fortunio avec un ravissement ineffable ; elle le tenait donc enfin ce Fortunio tant souhaité, assis à ses pieds, la tête appuyée sur ses genoux ; — elle avait mangé à sa table, couché dans son lit, dormi entre ses bras ; d'un seul pas elle était parvenue au fond de cette vie si inconnue et si difficile à pénétrer.

Elle possédait un homme qu'elle aimait, elle qui jusque-là n'avait été possédée que par des gens qu'elle haïssait; elle éprouvait cet oubli parfait de toutes choses que donne le véritable amour, et elle se laissait emporter avec insouciance par le rapide courant de la passion; son existence antérieure était complétement abolie; elle ne datait que de la veille: elle n'avait vraiment commencé à vivre que du jour où elle avait vu Fortunio.

Sa seule crainte était que sa vie ne fût pas assez longue pour prouver son amour à Fortunio; le terme de dix ans, le plus éloigné qu'on ose poser à une liaison, lui paraissait bien court et bien rapproché. Elle aurait voulu garder sa chère passion au delà du tombeau; elle qui jusqu'alors avait été plus athée et plus matérialiste que Voltaire lui-même crut fermement à l'immortalité de l'âme pour se donner l'espérance d'aimer éternellement Fortunio.

La barque glissait rapidement sur le miroir tranquille de la rivière; les quatre avirons des rameurs ne faisaient pas jaillir une seule perle, et l'unique bruit qu'on entendit, c'était le grésillement de l'eau, qui filait des deux côtés de la barque en festons écumeux.

Fortunio laissa son hooka, prit les deux pieds de Musidora, les posa sur sa poitrine comme sur un escabeau d'ivoire et se mit à siffler nonchalamment un air d'une mélodie bizarre et mélancolique.

L'ombre des peupliers de la rive flottait sur sa barque, qui semblait nager dans une mer de feuillage ; des libellules au corselet grêle venaient papillonner jusque sous le tendelet, au milieu du tourbillon transparent de leurs ailes de gaze, et regardaient nos deux amans de leurs gros yeux d'émeraude. Quelque poisson, au ventre d'argent, sautait de loin en loin et écaillait la surface huileuse de l'eau d'une fugitive paillette de lumière. Il ne faisait pas un souffle d'air ; les pointes flexibles des roseaux ne tressaillaient seulement pas, et la bannière de la barque descendait jusque dans l'eau, à plis flasques et languissans. Le ciel, noyé de lumière, était d'un gris d'argent, car l'intensité des rayons du midi en éteignait l'azur, et, au bord de l'horizon, montait un brouillard chaud et roux comme un ciel égyptien.

— Pardieu ! dit Fortunio en ôtant le bernous de cachemire blanc dont il était enveloppé, j'ai une furieuse envie de me baigner.

Et il sauta par-dessus le plat bord de la barque.

Musidora, quoiqu'elle sût nager elle-même, ne put s'empêcher de sentir un mouvement de frayeur en voyant le gouffre se refermer en tourbillonnant sur la tête de Fortunio ; mais il reparut bientôt en secouant sa longue chevelure, qui ruisselait sur ses épaules. Fortunio nageait comme le plus fin et le plus élégant Triton de la cour de Neptune. — Les poissons n'auraient pas eu de grands avantages sur lui.

Rien n'était plus charmant à voir. Ses belles épaules, fermes et polies, tout emperlées de gouttes d'eau, luisaient comme un marbre submergé ; l'onde amoureuse frissonnait de plaisir en touchant son beau corps et suspendait à ses bras des bracelets d'argent. — Quelques plantes aquatiques qu'il avait posées dans ses cheveux en relevaient le noir vif et lustré par leur vert pâle et glauque ; on l'eût pris pour le dieu du fleuve lui-même.

Musidora ne pouvait se lasser d'admirer cette beauté supérieure aux perfections de la plus belle femme.

Ni Phœbus-Apollon, le dieu jeune et rayonnant, ni le Scamandre, funeste aux virginités, ni Endymion, le bleuâtre amant de la lune ; aucune des formes idéales réalisées par les sculpteurs ou les poëtes n'aurait pu soutenir la comparaison avec notre héros.

Il était le dernier type de la beauté virile, disparue du monde depuis l'ère nouvelle. Phidias lui-même ou Lysippe, le sculpteur d'Alexandre, n'eussent rien rêvé de plus pur et de plus parfait.

— Pourquoi ne te baignes-tu pas, dit Fortunio à Musidora en se rapprochant de la barque ? On m'a dit que tu savais nager, petite.

— Oui, mais ces nègres qui sont là.

— Ces nègres, eh bien ! qu'est-ce que cela fait ? ce ne sont pas des hommes. S'ils n'étaient muets, ils pourraient très-bien chanter le *Miserere* à la chapelle Sixtine.

Musidora défit sa robe et se laissa couler dans le fleuve.

Ses longs cheveux flottaient derrière elle comme un manteau d'or, et de temps en temps on voyait luire à la surface de l'eau ses reins satinés comme ceux des nymphes de Rubens, et ses petits talons roses comme les doigts de l'Aurore.

Ils glissaient tous les deux côte à côte comme des cygnes jumeaux, et après avoir décrit quelques courbes gracieuses pour rompre la force du courant, ils revinrent à leur point de départ et prirent pied sur les dernières marches de l'escalier de marbre.

Deux belles mulâtresses les attendaient avec de grands peignoirs d'étoffe moelleuse et tiède dont elles les enveloppèrent.

— Eh bien! ma blanche naïade, dit Fortunio, drapé dans son étoffe, n'avons-nous pas l'air de deux statues antiques? — je fais un Triton passable, et l'eau douce n'a plus rien à envier maintenant à l'onde amère : il en est sorti une Vénus qui vaut bien l'autre. — Pourquoi n'y a-t-il pas un Phidias sur le rivage; le monde moderne aurait sa Vénus Anadyomène. — Mais nos sculpteurs ne sont bons qu'à tailler des grès pour paver les rues ou des hommes illustres en habit à la française ; — avec cette maudite civilisation, qui n'a d'autre but que de jucher sur un piédestal l'aristocratie des savetiers et des fabricans de chandelle, le sentiment de la forme se perd, et le bon Dieu sera obligé un de ces matins de quitter son fauteuil à la Voltaire pour venir repétrir la boule du monde, aplatie par ces populations de cuistres envieux de toute splendeur et de toute beauté qui forment les nations modernes. — Un peuple tant soit peu civilisé dans le vrai sens du mot t'élèverait un temple et des statues, ma petite reine ; on te ferait déesse : la déesse Musidora, cela ne sonnerait pas mal.

— Mariée au dieu Fortunio, à la mairie et à l'église de l'Olympe ; sans quoi les divinités un peu prudes ne voudraient pas me recevoir à leurs soirées du mercredi ou du vendredi, reprit Musidora en riant.

En devisant ainsi, les deux amans rentrèrent dans la maison.

Et Soudja-Sari ! — Lectrice curieuse, nous vous donnerons bientôt de ses nouvelles.

CHAPITRE XXI.

La journée passa comme un beau rêve. — Nos amans s'enivrèrent à longs traits de leur beauté et de leur jeunesse ; leurs bouches de rose étaient les coupes charmantes où ils buvaient le vin capiteux de la volupté ; ils ne se donnèrent qu'un baiser, mais il dura jusqu'au soir. Musidora appuyait sa joue brûlante et veloutée contre la fraîche poitrine de Fortunio, elle était ramassée sur elle-même dans une attitude adorablement puérile, comme un enfant qui s'arrange dans le giron de sa mère pour dormir à son aise ; elle fermait ses paupières, dont les cils descendaient jusqu'au milieu des joues, puis elle les relevait lentement pour regarder Fortunio.

— Ah ! fit-elle après une de ces muettes contemplations en le serrant contre sa poitrine avec une force surhumaine, le jour où tu ne m'aimeras plus, je te tuerai.

— Bon ! se dit Fortunio, — voici la cent cinquante-troisième femme qui me fait la même promesse, et je me porte encore passablement ; cela ne m'empêchera pas de vivre en joie.

Il sentit la moelleuse écharpe que Musidora avait

nouée autour de son corps se relâcher tout à coup; il la regarda et la vit pâle, la tête nerveusement renversée en arrière, les dents serrées, les lèvres décolorées, et comme plongée dans un paroxysme de rage.

— Diable, dit Fortunio, est-ce qu'elle parlerait sérieusement? ces petits démons délicats et frêles sont capables de tout; — voici qui promet d'être amusant. Après tout, c'est une jolie mort, et je n'en choisirais pas d'autre; — personne ne m'a encore assez aimé pour me tuer. — Il serait assez singulier, après avoir passé par toutes les furies des passions indiennes et tropicales, d'être gentiment égorgillé par une Parisienne blondine, proprette et ayant tout au plus la force nécessaire pour se battre en duel avec un hanneton.

— En ce cas, ma reine, dit-il tout haut, tu viens de me signer un brevet d'éternité, je passerai les ans de Mathu-alem et de Melchisedech.

— Tu m'aimeras donc toujours? fit Musidora en lui donnant un long et voluptueux baiser.

— Assurément, quand on aime, c'est pour toujours, — autrement à quoi bon s'aimer; ne faut-il pas l'éternité à l'infini? Je t'adorerai dans ce monde-ci et dans l'autre, s'il y en a un, et il doit y en avoir un exprès pour cela; l'amour a des magasins d'éternités à sa disposition.

— Oh! le méchant railleur qui ne croit à rien, dit Musidora, avec une charmante petite moue.

— Moi! je crois à tout; je crois à la charité des

philanthropes, à la vertu des femmes, à la bonne foi des journalistes, aux épitaphes des cimetières, à tout ce qu'il y a de moins vraisemblable. Je voudrais qu'il y eût quatre personnes dans la Trinité pour que ma foi fût plus méritoire.

— Vous êtes athée, monsieur, fi donc! cela est bien mauvais genre, reprit Musidora en jouant avec l'amulette qui scintillait au col de Fortunio.

— Athée; — j'ai trois dieux : l'or, la beauté et le bonheur! — je suis aussi pieux pour le moins que le *pius Æneas* de benoîte mémoire.

— Croyez au bon Dieu, cela ne fait jamais de mal, comme disent les vieilles femmes en proposant un remède pour la migraine ou le mal de dents.

— Ah ça, mon cœur, allons-nous parler théologie? j'aimerais autant dîner et aller à l'Opéra! il faut que je te présente à l'univers. Nous allons nous mettre à table, et nous partirons.

— Y pensez-vous, Fortunio, faite comme je suis!

— Nous passerons chez toi, et tu mettras une autre robe.

Après le dîner, qui ne fut pas moins somptueux que la veille, le charmant couple monta en voiture.

Musidora s'arrêta chez elle et fit une ravissante toilette. Par un caprice d'enfant, elle se mit en blanc des pieds à la tête comme une jeune mariée. L'expression douce et virginale de sa figure, illuminée par une immense félicité intérieure, s'accordait admirablement avec sa parure.

Fortunio, devinant l'intention qui avait présidé au choix de cette toilette, tira d'une petite botte de maroquin rouge, qu'il avait dans sa poche, un collier de perles parfaitement rondes, des boucles d'oreille et des bracelets aussi en perles d'un prix inestimable.

— Voici mon présent de noces, madame la marquise, et il lui accrocha lui-même les pendans d'oreilles, lui posa les bracelets et le collier. — Maintenant, mon infante, vous êtes au mieux ; et je vous réponds que vingt femmes, ce soir, vont éclater de jalousie dans leur peau comme des marrons qu'on a oublié de fendre. — Vous allez causer bien des jaunisses, et plus d'un amant, cette nuit, sera traité comme un nègre, par suite de la mauvaise humeur que vous ne pouvez manquer d'exciter dans le camp féminin.

Quand Musidora parut avec le Fortunio sur le devant de la loge, ce fut dans la salle un frémissement d'admiration universelle ; peu s'en fallut que l'on n'applaudît.

Phébé, qui était dans une avant-scène avec Alfred, devint pâle comme la lune à l'instant où se montre le soleil ; la peau d'Arabelle, qui avait des prétentions au cœur de Fortunio, s'injecta de fibrilles jaunes comme si son fiel se fût répandu, et la violence de son émotion fut telle qu'elle manqua de se trouver mal.

Quant à la Romaine Cinthia, elle sourit doucement, et pendant l'entr'acte elle vint avec Phébé voir Musidora dans sa loge.

— Vous avez l'air d'une mariée à s'y m'éprendre, dit Phébé d'un air contraint et avec un sourire venimeux.

— En effet, répondit Musidora, je me suis mariée hier avec le rêve de mon cœur.

— J'en étais bien sûre, dit Cinthia ; jamais une neuvaine avec un cierge de trois livres n'a manqué son effet ; notre madone vaut mieux que tous vos saints laids et barbus.

— Madame, dit Georges, qui entra dans sa loge, permettez-moi de mettre mes hommages à vos pieds, s'il y a de la place. — La calèche est à vous ; quand faut-il vous l'envoyer ?

— Merci, Giorgio, — Fortunio vous a devancé.

— Eh bien ! Fortunio, continua Georges, revenons-nous de Singapour, de Calcutta ou de l'enfer ? c'est peut-être là que Musidora t'a rencontré ; elle est très-bien avec le diable.

— Non, je reviens tout bourgeoisement de Neuilly, ni plus ni moins qu'un roi constitutionnel. As-tu fait encadrer Cinthia ?

La Romaine fit un signe de silencieuse dénégation.

Phébé, se penchant à l'oreille de Fortunio, lui apprit que Cinthia était amoureuse d'une espèce de bravo, mélange de spadassin et de maître d'armes, haut de six pieds, avec des favoris noirs et trois rangées de dents comme un crocodile, à qui elle donnait tout son argent.

— Je la reconnais bien là, dit Fortunio à demi-voix.

Pendant que cette conversation se tenait dans la loge de Fortunio, Alfred, resté seul, lorgnait de son mieux la Musidora. — Décidément, se dit-il à lui-même, je vais me remettre à faire la cour à Musidora ; Phébé est trop froide. — Il serait du meilleur goût de supplanter le Fortunio malgré ses grands airs de satrape ; — cela ferait un éclat merveilleux et restaurerait ma réputation d'homme à bonnes fortunes, qui a besoin d'être un peu ravivée ; car je ne puis me dissimuler que voilà trois femmes que je manque. — Comment diable ce Fortunio peut-il suffire à toutes les dépenses qu'il fait ? il y a quelque chose là-dessous. On ne lui connaît pas un pouce de terre au soleil. — Étrange, fort étrange, excessivement étrange, en vérité ; mais je pénétrerai ce mystère, et j'aurai la Musidora.

Alfred, ayant pris cette louable résolution, se sentit fort content de lui-même et passa à plusieurs reprises sa main gantée de blanc dans ses cheveux frisés, de l'air le plus avantageux et le plus triomphant du monde.

CHAPITRE XXII.

Nous prions le lecteur de se souvenir d'un certain lit de bois de citronnier, à pieds d'ivoire et à rideaux de cachemire blanc, qui se trouve vers le commencement de ce bienheureux volume ; qu'il y ajoute mentalement un second oreiller garni de point d'Angleterre, et qu'il fasse ruisseler sur la toile de Flandre les longs cheveux noirs de Fortunio avec les boucles blondes de Musidora, comme deux fleuves qui coulent ensemble sans se mêler, et le tableau sera complet.

Nous n'entreprendrons pas de raconter, jour par jour, heure par heure, la vie que menaient nos deux amans : — quel langage humain serait assez suave pour rendre ces adorables riens, ces ravissans enfantillages dont se compose l'amour? Comment dire en humble prose ces belles nuits plus blanches que le jour, ces longues extases, ces ravissemens profonds, cette volupté poussée jusqu'à la frénésie ; — ce désir infatigable renaissant de ses cendres, comme le phénix, toujours plus avide et plus ardent, sans tomber dans le pathos et dans le galimatias !

Fortunio s'était laissé pénétrer par la passion de

Musidora. L'amour véritable est contagieux comme la peste ; tout railleur et tout sceptique qu'il parût, il n'avait pas cette sécheresse de cœur qu'amènent les jouissances trop précoces et trop faciles. — Il haïssait plus que la mort les grimaces de sensibilité et ne se laissait nullement séduire par les minauderies ; l'hypocrisie d'amour était celle qui le révoltait le plus, mais cependant il était touché du moindre signe d'affection vraie, et il n'eût pas rudoyé une chiffonnière ou un chien galeux qui l'eussent aimé réellement ; quoique ses immenses richesses lui facilitassent l'accès et la possession de toutes les réalités éclatantes et splendides, la petite fleur bleue de l'amour naïf s'épanouissait doucement dans un coin de son cœur ; un sérail de deux cents femmes et les faveurs de toutes les belles courtisanes du monde ne l'avaient aucunement blasé. Il était plus roué qu'un diplomate octogénaire et plus candide que Chérubin aux pieds de sa marraine ; il avait mené la vie de don Juan et se serait promené avec une pensionnaire en veste de satin vert-pomme sur les bords du Lignon. Il s'abandonnait tranquillement aux contradictions les plus étranges et ne se souciait pas le moins du monde d'être logique. Ses passions le menaient où elles voulaient sans qu'il essayât jamais de résister ; il était bon le matin et méchant le soir, plus souvent bon que méchant, car il se portait bien ; il était beau et riche, et penchait naturellement à trouver le monde assez bien ordonné ; mais à coup sûr, quelle que fût son humeur, il était ce qu'il paraissait être. — Il concevait très-bien les choses les plus diverses ; il aimait également l'écarlate et le bleu de ciel, mais il détestait les phrases de roman et le jargon à la mode, et ce qui l'avait charmé principalement dans Musidora, c'est qu'elle s'était donnée à lui sans le connaître et sans lui rien dire.

Il n'était bruit de par le monde que de la victoire remportée par Musidora sur le Fortunio introuvable et sauvage, qui s'était singulièrement apprivoisé ; la petite chatte parisienne aux yeux verts avait dompté le tigre indien ; elle le tenait en cage dans son amour, dont les imperceptibles barreaux étaient plus solides que des grilles de fer ; elle paraissait l'avoir complétement fasciné, et la pauvre Soudja-Sari devait être bien négligée ; sa beauté était vaincue par la gentillesse de Musidora. — Fortunio se conduisait avec elle plus européennement qu'avec toutes les autres femmes qu'il avait eues depuis son arrivée en France : il l'allait voir presque tous les jours et toutes les nuits, et passait quelquefois des semaines entières sans la quitter. — Le sultan Fortunio avait pris des façons d'Amadis ; on n'eût pas montré à une princesse des adorations plus ferventes et des respects plus humbles. Cependant il lui prenait quelquefois des retours de férocité asiatique très-prononcés ; les griffes du tigre sortaient acérées et menaçantes du velours de ses pattes.

Une nuit qu'il était couché à côté d'elle, je ne sais

quelle idée saugrenue lui passa par la cervelle, il se leva, s'habilla, prit la lampe, qu'il approcha des franges des rideaux, et y mit le feu avec un grand sang-froid, puis il entra dans la pièce voisine et fit la même opération.

Les larges langues de la flamme noircissaient déjà le plafond ; cette éblouissante clarté pénétra à travers les yeux assoupis de Musidora, elle se réveilla et, voyant la chambre pleine de flamme et de fumée, elle poussa un cri d'effroi.

— Fortunio, Fortunio, cria-t-elle, sauvez-moi !

Fortunio était debout appuyé fort tranquillement contre la cheminée et regardait les progrès de l'incendie d'un air de satisfaction.

— J'étouffe, dit Musidora en se jetant à bas du lit et en courant vers la porte ; mais que faites-vous donc, Fortunio, et pourquoi n'appelez-vous pas au secours ?

— Il n'est plus temps, répondit Fortunio, et prenant Musidora comme un petit enfant qu'on va emmailloter, il la roula dans une couverture et l'emporta.

Une chaleur insupportable et suffocante rendait le passage à travers l'enfilade de pièces qui composaient l'appartement difficile et périlleux pour un homme moins leste et moins vigoureux que Fortunio.

En quelques bonds il eut franchi la dernière porte ; il descendit l'escalier avec la légèreté d'un oiseau, ouvrit lui-même ; il eût été trop long de réveiller le suisse enseveli sous les doubles pavots de l'ivresse et du sommeil, et monta avec son précieux fardeau dans une voiture qui paraissait l'attendre. Après s'être assis, il posa Musidora sur ses genoux, et la voiture partit.

Les flammes avaient crevé les fenêtres et sortaient en noires colonnes ; toute la maison s'était enfin réveillée, et le cri : « Au feu, au feu ! » répété sur tous les tons, courait d'un bout à l'autre de la rue.

Les étincelles voltigeaient et scintillaient en paillettes d'or sur le fond rouge de l'incendie. On eût dit d'une magnifique aurore boréale.

— Je parie que Jack ne se réveillera que lorsqu'il sera tout à fait cuit, dit Fortunio en riant.

Musidora ne répondit pas. — Elle était évanouie.

CHAPITRE XXIII.

Quand Musidora reprit ses sens, elle se trouva couchée sur un lit d'une élégante simplicité ; Fortunio était assis à côté d'elle.

Rien n'était plus charmant et plus coquet que l'intérieur de cette chambre, tous les meubles étaient d'un choix exquis ; ce n'était pas ce luxe tout royal et presque insolent qui éblouit plus qu'il ne charme, c'était quelque chose de doux, d'intime et de chastement vaporeux, qui plaisait à l'âme encore plus qu'à l'œil. Il fallait que le tapissier qui avait présidé à l'arrangement de cette chambre à coucher fût un grand poëte. — Ce poëte, c'était Fortunio.

— Comment trouves-tu ce petit nid ? est-il de ton goût ?

— Parfaitement, reprit Musidora ; — mais à qui appartient cette maison, où suis-je ?

— Question classique ; — chez toi.

— Chez moi ! dit Musidora étonnée.

— Oui, j'ai acheté cette maison ayant l'intention de brûler la tienne, répondit négligemment Fortunio, comme s'il eût dit la chose la plus naturelle du monde.

— Comment, c'est vous qui avez brûlé ma maison ! dit Musidora.

— Le feu ne s'y serait pas mis tout seul ; c'est une réflexion profonde que j'avais faite, alors je l'y ai mis moi-même.

— Êtes-vous fou, Fortunio, ou voulez-vous vous jouer de moi ?

— Point du tout, est-ce que j'ai dit quelque chose de déraisonnable ? — L'architecture de ta bicoque était d'ordre dorique, ce qui m'est spécialement odieux ; et puis....,

— Et puis quoi ? voilà un beau motif pour incendier peut-être tout un quartier, dit Musidora, voyant que Fortunio s'était arrêté au milieu de sa phrase.

— Et puis..... reprit Fortunio, dont le teint avait pris une nuance verdâtre et dont les yeux s'allumaient, je ne voulais plus te voir dans cette maison qui t'avait été donnée par un autre, où d'autres t'avaient possédée. Cela me faisait horreur ; j'en haïssais chaque fauteuil, chaque meuble comme un ennemi mortel ; j'y voyais un baiser ou une caresse. J'aurais poignardé ton sopha comme un homme. — Tes robes, tes bagues, tes bijoux me produisaient la sensation froide et venimeuse que produit au toucher la peau d'un serpent; tout me rappelait chez toi des idées que j'aurais voulu chasser sans retour, mais qui revenaient plus importunes et plus acharnées que des essaims de guêpes m'enfoncer dans le cœur leurs aiguillons empoisonnés. Tu ne peux pas te figurer avec quelle satisfaction vengeresse j'ai vu la flamme mordre de ses dents ces impures draperies qui avaient avant moi jeté leur perfide demi-jour sur tant de scènes voluptueuses. Comme l'incendie embrasait éperdument ces exécrables murailles, et qu'il semblait bien comprendre ma fureur ! — Honnête feu, qui purifies tout, ta pluie d'étincelles et de flammèches ardentes tombaient sur moi plus fraîche qu'une rosée de mai, et je sentais reverdir la paix de mon cœur comme sous une ondée bienfaisante. — Maintenant il ne doit plus y avoir un seul pan de mur debout, tout s'est écroulé, tout s'est abîmé ; il n'y a plus qu'un tas de cendres et de charbons. Je respire plus librement, et je sens ma poitrine se dilater.

— Mais tu as encore sur toi ce peignoir plus odieux que la robe de Nessus ; il faut que je le déchire, que je le mette en mille pièces, que je le foule aux pieds comme s'il était vivant.

Et Fortunio arracha le tissu, qui craqua et se rompit ; il le jeta par terre et se mit à trépigner dessus avec la rage insensée d'un taureau qui soulève sur ses cornes la banderolle écarlate abandonnée par les cholulos.

Musidora, effarée de ces transports de bête fauve, s'était pelotonnée sous la couverture, les bras croisés sur sa poitrine, et attendait dans une anxiété muette la fin de cette scène singulière.

— Ah ! je voudrais t'écorcher vive ! dit Fortunio en se rapprochant du lit.

L'enfant eut peur un moment qu'il ne mît son souhait à exécution et que, selon son habitude, il ne passât de l'optatif au présent ; mais le jeune jaguar mal apprivoisé continua ainsi:

— Cette peau si douce, si soyeuse, sur qui se sont posées les lèvres épaissies par la débauche de tes infâmes amans, je l'arracherais de ton corps avec délices ; je voudrais que jamais personne ne l'ait vue ni touchée, ni entendue ; je briserais les glaces sur lesquelles ton image a passé et qui l'ont gardée quelques instans. Je suis jaloux de ton père, car enfin son sang est dans ton corps et circule librement dans les charmans réseaux de tes veines azurées ; jaloux de l'air que tu respires et qui semble te donner un baiser ; jaloux de ton ombre, qui te suit comme un amant plaintif. Il me faut ton existence tout entière : avenir, passé et présent. — Je ne sais qui me tient d'aller tuer Georges et de Marcilly, et de faire déterrer Willis pour jeter son cadavre aux chiens.

Et en parlant ainsi, Fortunio tournait autour de la chambre comme un de ces loups maigres qu'on voit, aux ménageries, rôder autour de leur cage en frottant leur museau noir contre les barreaux.

Il se tut, fit encore quelques tours et vint se poser la figure sur le lit. Il sanglotait amèrement : l'orage qui avait commencé par des tonnerres se résolvait en pluie.

— Imbécile, qui ne sent pas que je n'ai jamais aimé que lui, dit Musidora en lui prenant la tête et en l'attirant sur son cœur. O mon ami ! je ne suis née que du jour où je t'ai connu ; ma vie date de mon amour. Quant à Musidora, pourquoi en es-tu jaloux ? tu sais bien qu'elle est morte. N'es-tu pas mon dieu, mon créateur ; ne m'as-tu pas faite de rien ? Pourquoi te tourmentes-tu ?

— Pardonne-moi, mon ange : j'ai été élevé bien près du soleil, sur une terre de feu ; je suis extrême en tout, et mes passions rugissent dans mon âme comme des cavernes de lions. Mais voici trois heures qui sonnent ; ferme tes yeux verts, mon petit crocodile. — Allons, dormez, mademoiselle.

CHAPITRE XXIV.

Nous avions promis à nos lectrices de découvrir Soudja-Sari, cette beauté javanaise aux yeux chargés de langueur ; comme elle se trouve maintenant l'héroïne opprimée et que c'est Musidora que Fortunio aime aujourd'hui, l'intérêt se concentre naturellement sur elle. Mais nous avons fait une promesse imprudente et difficile à remplir ; nous n'aurions pas d'autre moyen de trouver Soudja-Sari qu'en suivant Fortunio, et comment voulez-vous que l'on suive pédestrement un gaillard traîné par des chevaux pur sang ? Et d'ailleurs avons-nous réellement le droit d'espionner notre héros ? Est-il de la délicatesse de surprendre ainsi le secret d'un galant homme ? Est-ce sa faute, à lui, si nous avons été le prendre pour héros de roman ?

Il en est tant d'autres qui ne demandent pas mieux que de faire leurs correspondances intimes en deux volumes in-8°.

Cependant il faut à toute force trouver Soudja-Sari, la belle aux yeux pleins de langueur.

Renonçant ici à tous les artifices ordinaires aux romanciers pour exciter et graduer l'intérêt, et avertis d'ailleurs par le nombre de nos pages qu'il sera bientôt temps d'apposer au bout de ce volume le glorieux monosyllabe FIN, nous allons trahir le secret de Fortunio.

Fortunio, comme nous l'avons dit, a été élevé dans l'Inde par son oncle, nabab d'une richesse féerique.

— Après la mort de son oncle, il est venu en France emportant avec lui de quoi acheter un royaume. — Un des plus grands plaisirs qu'il eût, c'était de mélanger la vie barbare et la vie civilisée, d'être à la fois un satrape et un fashionable, Brumsmel et Sardanapale; il trouvait piquant d'avoir un pied dans l'Inde et l'autre dans la France.

Pour parvenir à ce double but, voici ce qu'il avait fait.

Il avait acheté, dans un quartier de Paris assez retiré, tout un pâté de maisons dont le centre était occupé par de grands jardins ; — il avait fait démolir toutes les constructions intérieures et n'avait laissé à son îlot de maisons qu'une croûte de façades peu épaisse. Toutes les fenêtres donnant sur les jardins avaient été murées soigneusement, en sorte qu'il était impossible d'apercevoir d'aucun côté les bâtimens élevés par Fortunio, à moins de passer au-dessus, dans la nacelle d'un ballon.

Quatre maisons, une sur chaque flanc de l'îlot, servaient d'entrée à Fortunio ; de longs passages voûtés y aboutissaient et servaient à communiquer avec le dehors sans éveiller les soupçons. Fortunio sortait et rentrait tantôt d'un côté, tantôt de l'autre, de façon à n'être pas remarqué.

Un marchand de comestibles dont la boutique correspondait par derrière avec les bâtimens, et qui n'était autre qu'un domestique dévoué de Fortunio, servait à faire arriver les vivres d'une manière naturelle et plausible.

C'est dans ce palais inconnu, plus introuvable que l'Eldorado tant cherché des aventuriers espagnols, que Fortunio faisait ces retraites mystérieuses qui excitaient si vivement la curiosité de ses amis.

Il y restait huit jours, quinze jours, un mois, sans reparaître, selon que son caprice le poussait.

Les ouvriers employés à cette bâtisse avaient été largement payés pour garder le secret et disséminés ensuite sur divers points du globe ; aucun n'était demeuré à Paris. Fortunio les avait fait partir, sans qu'ils s'en doutassent, les uns pour l'Amérique, les autres pour les Indes ou l'Afrique ; il leur avait procuré des occasions admirables, qui semblaient naître fortuitement et dont ils avaient été complétement dupes.

L'*Eldorado*, le palais d'or, comme Fortunio l'avait baptisé, ne mentait pas à son titre ; l'or y étincelait de toutes parts, et la maison dorée de Néron ne devait assurément pas être plus magnifique.

Représentez-vous une grande cour encadrée de colonnes torses de marbre blanc aux chapiteaux et aux fûts dorés, entourées d'un cep de vigne aussi doré, avec des grappes en prisme de rubis ; sous ce portique quadruple s'ouvraient les portes des appartemens, faites en bois de cèdre précieusement travaillé.

Au milieu de la cour s'enfonçaient quatre escaliers en porphyre, avec des rampes et des repos conduisant à une piscine, dont l'eau tiède et diamantée baissait jusqu'aux dernières marches ou montait jusqu'au niveau du sol, selon la profondeur que l'on voulait obtenir.

Le reste de l'espace était rempli par des orangers, des tulipiers, des angsoka à fleurs jaunes, des palmistes, des aloës, et toutes sortes de plantes tropicales venant en pleine terre.

Pour aider à comprendre ce miracle, nous dirons que l'Eldorado était un palais sous cloche.

Fortunio, frileux comme un Indou, pour se composer une atmosphère à sa guise, avait d'abord fait construire une serre immense qui englobait complétement son nid merveilleux.

Une voûte de verre lui tenait lieu de ciel ; cependant il n'était pas privé de pluie pour cela ; quand il désirait changer le beau invariable de son atmosphère de cristal, il commandait une pluie, et il était servi sur-le-champ. D'invisibles tuyaux criblés de trous faisaient grésiller une rosée de perles fines sur les feuilles ouvertes en éventail ou bizarrement découpées de sa forêt vierge.

Des milliers de colibris, d'oiseaux mouches et

d'oiseaux de paradis voltigeaient librement dans cette immense cage, scintillaient dans l'air comme des fleurs ailées et vivantes ; des paons, au col de lapis-lazuli, aux aigrettes de rubis, traînaient magnifiquement sur le gazon leur queue semée d'yeux étoilés.

Une seconde cour contenait les logemens des esclaves.

Un inconvénient obligé de cette construction était de ne pas avoir de point de vue ; — Fortunio, esprit très-inventif et que rien n'embarrassait, avait paré à cet inconvénient : les fenêtres de ses salons donnaient sur des dioramas exécutés d'une façon merveilleuse et de l'illusion la plus complète.

Aujourd'hui, c'était Naples avec sa mer bleue, son amphithéâtre de maisons blanches, son volcan panaché de flamme, ses îles blondes et fleuries ; demain, Venise, les dômes de marbre de San-Georgio, la Dogana ou le palais ducal ; ou bien une vue de Suisse, si le seigneur Fortunio se trouvait ce jour-là d'humeur pastorale ; le plus souvent c'étaient des perspectives asiatiques, Benarès, Madras, Masulipatnam ou tout autre endroit pittoresque.

Le valet de chambre entrait le matin dans sa chambre et lui demandait : — Quel pays voulez-vous qu'on vous serve aujourd'hui ?

— Qu'avez-vous de prêt ? disait Fortunio ; voyons votre carte ; et le valet tendait à Fortunio un portefeuille de nacre où les noms des sites et des villes étaient soigneusement gravés. Fortunio marquait la vue qui lui était inconnue ou qu'il avait la fantaisie de revoir, comme s'il se fût agi de prendre une glace chez Tortoni.

Il vivait là en joie comme un rat dans un fromage de Hollande, se livrant à tous les raffinemens du luxe asiatique, servi à genoux par ses esclaves, adoré comme un dieu, faisant voler la tête à ceux qui lui déplaisaient ou le servaient mal, avec une dextérité parfaite et qui eût fait honneur à un bourreau turc. Les corps étaient jetés dans un puits plein de chaux et dévorés à l'instant même. Mais depuis quelque temps, influencé sans doute par les idées européennes, il se livrait plus rarement à ce genre de plaisir, à moins qu'il ne fût ivre ou qu'il ne voulût distraire un peu Soudja-Sari.

Avant d'entrer dans l'Eldorado, il quittait ses habits de fashionable et reprenait ses vêtemens indiens, la robe et le turban de mousseline à fleur d'or, les babouches de maroquin jaune, et le kriss au manche étoilé de diamans.

Aucun des Indiens, hommes ou femmes, qui étaient enfermés dans cette prison splendide, ne savait un mot de français, et ils ignoraient complétement dans quelle partie du monde ils se trouvaient.

Ni Soudja-Sari, sa favorite, ni Rima-Pahes, à qui ses immenses cheveux noirs faisaient comme un manteau de jaïs, ni Koukong-Alis, aux sourcils en arc-en-ciel, ni Sicara, à la bouche épanouie comme une fleur, ni Cambana, ni Keni-Tambouhan, ne soupçonnaient qu'elles fussent à Paris, par une raison péremptoire, c'est qu'elles ne savaient pas seulement que Paris existât.

Grâce à cette ignorance, Fortunio gouvernait ce petit monde aussi despotiquement que s'il eût été au milieu des Indes.

Il passait là des journées entières, dans une immobilité complète, assis sur une pile de carreaux et les pieds appuyés sur une de ses femmes, suivant d'un regard nonchalant les spirales bleuâtres de la fumée de son hooka.

Il se plongeait délicieusement dans cet abrutissement voluptueux si cher aux Orientaux et qui est le plus grand bonheur qu'on puisse goûter sur terre, puisqu'il est l'oubli parfait de toute chose humaine.

Des rêveries somnolentes et vagues caressaient son front à demi penché du tiède duvet de leurs ailes ; des mirages étincelans papillotaient devant ses yeux assoupis.

Du large calice des grandes fleurs indiennes, urnes et cassolettes naturelles, s'élevaient des senteurs sauvages et pénétrantes, des parfums âcres et violens capables d'enivrer comme le vin ou l'opium ; des jets d'eau de rose s'élançaient jusqu'au linteau sculpté des arcades et retombaient en pluie fine sur leurs vasques de cristal de roche, avec un murmure d'harmonica ; pour surcroît de magnificence, le soleil, illuminant les vitres de la voûte, faisait un ciel de diamant à ce palais d'or.

C'était un conte de fée réalisé.

On était à deux mille lieues de Paris, en plein Orient, en pleines *Mille et une Nuits*, et pourtant la rue boueuse, infecte et bruyante bourdonnait, grouillait et fourmillait à deux pas de là ; — la lanterne du commissaire de police balançait au bout d'une potence son étoile blafarde dans la brume ; les libraires vendaient les cinq codes avec leurs tranches de diverses couleurs ; la charte constitutionnelle ouvrait ses fleurs tricolores, découpées en façon de cocardes ; l'on respirait l'atmosphère de gaz hydrogène et de mélasse de la civilisation moderne, l'on pataugeait dans le cloaque de la plus boueuse prose ; ce n'était que tumulte, fumée et pluie, laideur et misère, fronts jaunes sous un ciel gris, l'affreux, l'ignoble Paris que vous savez.

De l'autre côté du mur, un petit monde étincelant, tiède, doré, harmonieux, parfumé, un monde de femmes, d'oiseaux et de fleurs, un palais enchanté que le magicien Fortunio avait eu l'art de rendre invisible au milieu de Paris, ville peu favorable aux prestiges ; un rêve de poëte exécuté par un millionnaire poétique, chose aussi rare qu'un poëte millionnaire, s'épanouissait comme une fleur merveilleuse des contes arabes.

Ici, le travail aux bras nus et noircis, à la poitrine haletante comme un soufflet de forge ; — là, le doux loisir nonchalamment appuyé sur son coude ; la délicate paresse, aux mains blanches et frêles, se reposant le jour de la fatigue d'avoir dormi toute la nuit ; la quiétude la plus parfaite à côté de l'agitation la plus fiévreuse ; — une antithèse complète.

C'est ainsi que Fortunio menait une existence double et jouissait à la fois du luxe asiatique et du luxe parisien. Cette mystérieuse retraite était comme un nid de poésie, où il allait de temps en temps couver ses rêves ; là étaient ses seules amours ; car il ne pouvait s'accommoder des façons européennes et du mélange perpétuel des sexes. Il était assez de l'avis du sultan Schariar, rien ne lui paraissait plus agréable que d'acheter une jeune fille vierge et de lui faire couper la tête après la première nuit ; avec cette méthode claire et simple, toute tromperie était prévenue. — Il ne poussait pourtant pas ses précautions jalouses jusque-là, mais il lui était impossible d'éprouver de l'amour pour une femme qui aurait eu déjà quelque amant. — A coup sûr, s'il se fût marié, il n'eût pas épousé une veuve. — Musidora était la seule femme avec laquelle il eût prolongé une liaison aussi longtemps ; il avait cédé aux charmes pénétrans, à la coquetterie transcendante, et surtout à la passion vraie de la pauvre enfant ; cette flamme si chaude avait attiédi son cœur : il l'aimait ; cependant il était malheureux pour la première fois de sa vie. D'insupportables souvenirs lui traversaient l'âme de leurs glaives aigus, et jusqu'au milieu des plus doux baisers, d'affreuses amertumes lui montaient aux lèvres : il se souvenait toujours que cette femme avait été possédée par d'autres.

Sa puissance se trouvait en défaut ; il ne pouvait reprendre sur le temps la vie antérieure de Musidora pour la purifier ; et cette idée s'attachait à son flanc comme un vautour. Il était si habitué à la possession exclusive qu'il avait peine à concevoir qu'il y eût au monde un autre homme que lui. Quand quelque chose lui rappelait que d'autres pouvaient avoir été aimés comme il l'était lui-même, il lui prenait des rages diaboliques, et il aurait déchiré des lions en deux, tellement la fureur le transportait. Dans ces momens-là, il se sentait un immense besoin de monter à cheval, de se jeter au milieu d'une foule et d'y faire à grands coups de sabre un hachis de bras, de jambes et de têtes ; il poussait des hurlemens et se roulait par terre comme un insensé. C'est dans un de ces accès de rage jalouse qu'il avait mis le feu à la maison de Musidora.

Hors cela, il était impassible comme un vieux Turc ; le tonnerre serait descendu lui allumer sa pipe qu'il n'aurait pas témoigné le moindre étonnement ; il n'avait peur ni de Dieu ni du diable, ni de la mort ni de la vie, et il jouissait du plus beau sang-froid du monde.

Fortunio, captivé par la magicienne Musidora, ne faisait plus que de rares apparitions dans l'Eldorado. — Il y avait bientôt huit jours qu'il n'y avait mis les pieds ; un ennui suffocant pesait sur le ciel de verre de ce petit monde, privé de son soleil. — Comme aucun des habitans de l'Eldorado ne savait où il était, toute conjecture sur les motifs qui retenaient Fortunio dehors était impossible ; — ils ignoraient s'il avait été à la chasse aux éléphans ou faire la guerre à quelque rajah ; amenés directement de l'Inde sans avoir jamais touché terre, ils ne se doutaient pas que les mœurs du pays où ils se trouvaient fussent différentes de celles de Benarès ou de Madras.

Soudja-Sari, inquiète et triste, vivait retirée dans sa chambre avec ses femmes. Il est à regretter qu'aucun de nos peintres n'ait vu Soudja-Sari, car c'était bien la plus mignonne et la plus ravissante créature que l'on puisse imaginer, et les mots, si bien arrangés qu'ils soient, ne donnent toujours qu'une idée imparfaite de la beauté d'une femme.

Soudja-Sari pouvait avoir treize ans, quoiqu'elle parût en avoir quinze, tant elle était bien formée et d'une délicate plénitude de contours. Un seul ton pâle et chaud s'étendait depuis son front jusqu'à la plante de ses pieds. Sa peau, mate et pulpeuse comme une feuille de camélia, semblait plus douce au toucher que la membrane intérieure d'un œuf; pour la couleur, certaines transparences d'ambre en pourraient donner une idée. Vous imagineriez difficilement quelque chose d'un effet plus piquant que la blancheur blonde de ce corps virginal inondé d'épaisses cascatelles de cheveux aussi noirs que ceux de la Nuit, et filant d'un seul jet de la nuque au talon ; — les racines de ces cheveux, s'implantant dans la peau dorée du front, formaient comme une espèce de pénombre bleuâtre d'une bizarrerie charmante ; les yeux longs et noirs, légèrement relevés vers les tempes, avaient un regard d'une volupté et d'une langueur inexprimables, et leurs prunelles roulaient d'un coin à l'autre avec un mouvement doux et harmonieux auquel il était impossible de résister. Soudja-Sari était bien nommée : quand elle arrêtait sur vous son œillade veloutée, on se sentait monter au cœur une paresse infinie, un calme plein de fraîcheur et de parfums, je ne sais quoi de joyeusement mélancolique. — La volonté se dénouait ; tout projet se dissipait comme une fumée, et la seule idée qu'on eût, c'était de rester éternellement couché à ses pieds ; tout semblait inutile et vain, et il ne paraissait pas qu'il y eût autre chose à faire au monde qu'aimer et dormir.

Soudja-Sari avait cependant des passions violentes comme les parfums et les poisons de son pays. Elle était de la race de ces terribles Javanaises, de ces gracieux vampires qui boivent un Européen en trois semaines et le laissent sans une goutte d'or ni de sang, plus aride qu'un citron dont on a fait de la limonade.

Son nez fin et mince, sa bouche épanouie et rouge

comme une fleur de cactus, la largeur de ses hanches, la petitesse de ses pieds et de ses mains ; tout accusait en elle une pureté de race et une force remarquables.

Fortunio l'avait achetée, à l'âge de neuf ans, le prix de trois bœufs ; elle n'avait pas eu de peine à sortir de la foule des beautés de son sérail et à devenir sa favorite. Fortunio, s'il ne lui avait pas été fidèle, chose impossible avec ses idées et les mœurs orientales, lui était toujours resté constant.

Jamais, avant Musidora, il n'avait eu pour d'autres un caprice aussi vif et aussi passionné, et notre chatte aux prunelles vert-de-mer était la seule femme qui eût jamais balancé dans le cœur de notre héros l'influence de Soudja-Sari.

Soudja-Sari, assise sur un tapis, se regarde dans un petit miroir fait de pierre spéculaire et emmanché dans un pied d'or finement ciselé ; quatre femmes, accroupies autour d'elle, tressent ses cheveux, qu'elles se sont partagés et qu'elles entremêlent de fils d'or ; une cinquième, posée plus loin, lui chatouille légèrement le dos avec une petite main sculptée en jade, montée au bout d'un bâton d'ivoire.

Keni-Tambouhan et Koukong-Alis sortent des coffres de bois de cèdre qui servent de vestiaire à notre princesse des robes et des étoffes précieuses ; ce sont des satins noirs avec des fleurs chimériques ayant pour pistils des aigrettes de paon et pour pétales des ailes de papillon ; des brocarts à la trame grenue, étoilés et piqués de points lumineux; des velours épinglés, des soieries plus changeantes que le col des colombes ou le prisme de l'opale; des mousselines côtelées d'or et d'argent et historiées de ramages à découpures bizarres, une vraie garde-robe de fée ou de péri. — Elles étalent toutes ces magnificences sur les divans afin que Soudja-Sari puisse choisir la robe qu'elle veut mettre ce jour-là.

Rima-Pahes, dont les longs cheveux relevés à la japonaise sont tortillés autour de deux baguettes d'or terminées par des boules d'argent, se tient à genoux devant Soudja-Sari et lui montre différens bijoux contenus dans une petite cassette de malachite.

Soudja-Sari est incertaine; elle ne sait pas s'il vaut mieux prendre son collier de chryso-beril, ou celui de grains d'azerodrach; elle les essaie tour à tour et finit par choisir un simple fil de perles roses, qu'elle remplace bientôt par trois rangs de corail; puis, comme fatiguée d'un aussi grand travail, elle appuie son dos sur les genoux d'une de ses femmes et laisse tomber ses bras, les mains ouvertes et tournées vers le ciel, à la façon d'une personne épuisée de lassitude; elle ferme ses paupières frangées de longs cils et renverse sa tête en arrière; les quatre esclaves, qui n'avaient pas encore terminé leurs nattes, se rapprochent pour ne pas donner à ses cheveux une tension douloureuse; mais l'une d'entre elles n'ayant pas été assez prompte, Soudja-Sari poussa un cri plus aigu que le sifflement d'un aspic sur lequel on vient de marcher, et se dressa avec un mouvement brusque et sec.

L'esclave pâlit en voyant Soudja-Sari chercher à retirer des cheveux de Rima-Pahes une des longues aiguilles d'or qui les retenaient ; car une des habitudes de notre infante était de planter des épingles dans la gorge de ses femmes lorsqu'elles ne s'acquittaient pas de leurs fonctions avec toute la légèreté désirable.—Cependant, comme l'aiguille ne céda pas tout d'abord, Soudja-Sari reprit sa pose nonchalante et referma les yeux.

L'esclave respira.

La toilette de Soudja-Sari s'acheva sans autre incident.

Voici comme elle était mise : un pantalon à bandes noires, sur un fond d'or fauve, lui montait jusqu'aux hanches et s'arrêtait un peu au-dessus des chevilles; une espèce de veste ou de brassière très-étroite, ressemblant à la strophia et au ceste antique, jointe en haut et en bas par deux agrafes de pierreries, dessinait avec grâce les contours vifs et hardis de sa gorge ronde et brune, dont l'échancrure de l'étoffe laissait apercevoir le commencement.

Cette veste était d'une étoffe d'or avec des ramages et des fleurs en pierreries, les feuillages en émeraudes, les roses en rubis, les fleurs bleues en turquoises; — elle n'avait pas de manches et permettait à deux bras charmans de faire admirer la sveltesse de leur galbe.

Ce qui donnait un caractère piquant et singulier à ce costume de la Javanaise, c'est qu'il y avait une assez grande distance entre le corset et la ceinture du pantalon, en sorte que l'on voyait à nu sa poitrine, ses flancs potelés, plus polis et plus luisans que du marbre, ses reins souples et cambrés et le haut de son ventre, aussi pur qu'une statue grecque du beau temps.

Ses cheveux étaient divisés, comme nous l'avons dit, en quatre tresses mêlées de fils d'or, qui tombaient jusqu'à ses pieds, deux devant, deux derrière; une fleur de camboja s'épanouissait de chaque côté de ses tempes bleuâtres et transparentes, où l'on voyait se croiser un réseau de veines délicates comme aux temps du portrait d'Anne de Boleyn, et au bout de ses oreilles nacrées, enroulées finement, scintillaient deux scarabées dont les élytres, d'un vert doré, se coloraient de toutes sortes de nuances d'une richesse inimaginable; un grand pagne de mousseline des Indes, avec un semis de petits bouquets d'or, négligemment roulé autour de son corps, estompait de sa blanche vapeur ce que ce costume aurait pu avoir de trop éclatant et de trop précis.

Elle avait les pieds nus, avec un anneau de brillans à chaque orteil; un cercle d'or lui ceignait la cheville; ses bras étaient chargés de trois bracelets : deux près de l'épaule et l'autre au poignet.

Au cas où elle aurait voulu marcher et descendre dans le jardin, fantaisie qui lui prenait rarement, une paire de babouches d'une délicatesse et d'une mignonnerie admirables, la pointe un peu recourbée en dedans, à la siamoise, était posée à côté de son divan.

Sa toilette achevée, elle demanda sa pipe et se mit à fumer de l'opium. Rima-Pahes faisait tomber du bout d'une aiguille d'argent, sur le champignon de porcelaine, la pastille liquéfiée à la flamme d'un charbon de bois odorant, tandis que Keni-Tambouhan agitait doucement deux grands éventails de plumes de faisan-argus et que la belle Cambana, assise à terre, chantait, en s'accompagnant sur une guzla à trois cordes, le pantoum de la colombe de Patani et du vautour de Bendam.

La fumée aromatique et bleuâtre de l'opium s'échappait en légers flocons des lèvres rouges de Soudja-Sari, qui se plongeait de plus en plus dans un oubli délicieux de toutes choses. — Rima-Pahes avait déjà renouvelé six fois la pastille.

— Encore, dit Soudja-Sari du ton impérieux d'un enfant gâté à qui l'on donnerait la lune s'il lui prenait fantaisie de la demander.

— Non, maîtresse, répondit Rima-Pahes, vous savez bien que Fortunio vous a défendu de fumer plus de six pipes. — Et elle sortit en emportant la boîte d'or qui contenait le voluptueux poison.

— Méchante Rima-Pahes, qui m'emporte ma boîte d'opium ; j'aurais si bien voulu dormir jusqu'à ce que mon Fortunio revînt ! — Du moins je l'aurai vu en rêve? A quoi bon être éveillée et vivre quand il n'est pas là?— Jamais il n'est resté aussi longtemps en chasse. Que peut-il lui être arrivé? il a peut-être été mordu par un serpent ou blessé par un tigre.

— Très-peu, dit Fortunio en soulevant la portière; c'est moi qui mords les serpens et qui égratigne les tigres.

Au son de cette voix bien connue, Soudja-Sari se leva debout sur son divan, se jeta dans les bras de Fortunio en faisant un mouvement pareil à celui d'un jeune faon éveillé en sursaut.

Elle passa ses deux mains autour du col de son amant et se suspendit à sa bouche avec l'avidité enragée d'un voyageur qui vient de traverser le désert sans boire; elle le pressait sur sa poitrine, se roulait autour de lui comme une couleuvre : elle aurait voulu l'envelopper de son corps et le toucher à la fois sur tous les points.

— Oh! mon cher seigneur, dit-elle en s'asseyant sur ses genoux, si vous saviez comme j'ai souffert pendant votre absence et quelle peine j'ai eue pour vivre! Vous aviez emporté mon âme dans votre dernier baiser, et vous ne m'aviez pas laissé la vôtre, méchant! J'étais comme une morte, ou comme un corps pris de sommeil : mes larmes seules, roulant en gouttes silencieuses au long de ma figure, faisaient voir que j'existais encore. Lorsque tu n'es pas là, ô Fortunio de mon cœur, il me semble que le soleil s'est éteint dans la solitude des cieux ; les lueurs les plus vives me paraissent noires comme des ombres ; tout est dépeuplé ; toi seul es la lumière, le mouvement et la vie ; hors de toi rien n'existe ; oh ! je voudrais me fondre et m'abîmer dans ton amour, je voudrais être toi pour te posséder plus entièrement.

— Cette petite fille s'exprime très-bien dans son indostani ; c'est dommage qu'elle ne sache pas le français, elle écrirait des romans et ferait un basbleu très-agréable, se dit Fortunio à lui-même en s'amusant à défaire les tresses de Soudja-Sari.

— Mon gracieux sultan veut-il prendre un sorbet, mâcher du bétel, ou boire de l'arack ? Préférerait-il du gingembre de la Chine confit, ou une noix muscade préparée ? dit la Javanaise en soulevant ses beaux yeux.

— Fais apporter toute ta cuisine, — j'ai la plus royale envie de me griser abominablement ; toi, Keni-Tambouhan, tu vas jouer du tympanon ; toi, Cambana, exerce tes griffes sur ta citrouille emmanchée dans un balai, et faites à vous toutes un sabbat à rendre le diable sourd. Il y a longtemps que je ne me suis réjoui. — Rima-Pahes, pendant que vous chanterez et que je boirai, me chatouillera la plante des pieds avec la barbe d'une plume de paon. — Fatmé et Zuleika danseront, et ensuite nous ferons battre un lion et un tigre. — Tous ceux ou celles qui ne seront pas ivres-morts d'ici à deux heures seront décapités ou empalés, à leur choix. — C'est dit.

Une nuée de petits esclaves noirs, jaunes, rouges ou bigarrés arrivèrent portant des plateaux d'argent sur le bout des doigts et des vases sculptés en équilibre sur leur tête. En trois minutes tout fut prêt.

Chaque groupe de femmes avait sa table, c'est-à-dire son tapis, chargé de bassins pleins de conserves et de confitures; le service se faisait à la mode orientale.

—De temps en temps Fortunio jetait à ces beautés des fruits secs entremêlés d'amandes d'or et d'argent renfermant quelque petit bijou, et il riait aux éclats de voir les efforts qu'elles faisaient pour s'en saisir.

Jamais les yeux des Grecs, amans de la belle forme, ne se reposèrent sur d'aussi gracieux athlètes et ne virent de plus charmans corps dans des poses plus variées et plus heureuses; c'étaient des groupes d'un arrangement admirable, des enlacemens de couleuvre, une souplesse de Protée.

—Allons, dit Fortunio à Koukong-Alis, veux-tu bien ne pas mordre,— regarde donc ce petit scorpion comme il agite ses pinces; — si tu as le malheur de faire encore pleurer Sacara, je te ferai pendre par les cheveux. — Viens ici, Sacara, au lieu d'avoir une amande d'argent, tu en auras une poignée.

Sacara s'approcha, souriant dans ses larmes et jetant un regard de triomphe sur Koukong-Alis, qui se tenait morne et sombre à sa place.

Fortunio lui remplit le pan de sa robe du précieux

fruit, l'embrassa et la fit asseoir près de lui sur le divan.

Les deux almés s'avancèrent en se balançant sur leurs hanches et dansèrent jusqu'à ce qu'elles tombassent sur le plancher haletantes et demi-mortes. —Le lion et le tigre se battirent avec un tel acharnement qu'il resta fort peu de chose des deux combattans ;—l'arack et l'opium firent si bien leur office que personne ne conserva sa raison au delà du terme prescrit ; la réjouissance fut complète. — Fortunio s'endormit sur le sein de Soudja-Sari. — Musidora l'attendit toute la nuit et dormit fort peu.

CHAPITRE XXV.

Il paraît que Fortunio se trouva bien dans son nid doré, car Musidora l'attendit huit jours et vainement.

Voici la cause de cette rupture subite.— Fortunio avait reconnu qu'il y avait entre Musidora et lui une cause d'amertume inépuisable. — Il la trouvait charmante, pleine d'esprit, tout à fait digne d'amour, mais il ne pouvait oublier le passé : sa jalousie rétrospective était toujours en éveil, il se serait rendu malheureux au delà de toute expression, sans contribuer en rien au bonheur de Musidora ; — il avait fait les plus grands efforts pour étouffer cette pensée vivace, elle s'était toujours relevée plus venimeuse et plus acharnée ; sentant que les efforts mêmes qu'il faisait pour oublier le faisaient se souvenir, il ne voulut plus persister dans une lutte inutile. — S'il avait moins aimé Musidora, il l'eût gardée ; il l'aimait trop pour qu'il pût exister entre eux une pensée secrète.

— Avec son caractère ferme il eut bientôt pris sa décision.— Décision irrévocable.

Musidora reçut une lettre contenant une inscription de vingt-cinq mille livres de rente avec une boucle de cheveux de Fortunio, et ces mots d'une main inconnue :

« Madame,

» Le marquis Fortunio vient d'être tué en duel. — Souvenez-vous quelquefois de lui. »

— Ah! fit Musidora, il ne venait pas, il devait être mort en effet : je l'avais deviné ; mais je ne lui survivrai pas longtemps. Et, sans verser une larme, elle alla chercher le portefeuille où était serrée l'aiguille empoisonnée que Fortunio lui avait reprise au commencement de leurs amours, se défiant des vivacités de son caractère, et qu'elle avait retrouvée au fond d'une cassette oubliée.

— C'était un funeste présage, et le hasard a été clairvoyant de me faire trouver un instrument de mort où je ne cherchais que des billets d'amour et le moyen de nouer une intrigue frivole.

Ayant dit ces mots, elle embrassa la boucle de cheveux de Fortunio, et se piqua la gorge avec la pointe de l'aiguille.

Ses yeux se fermèrent, les roses de ses lèvres se changèrent en pâles violettes ; un frisson courut sur son beau corps.

Elle était morte.

CHAPITRE XXVI.

« Mon cher Radin-Mantri,
» Cette lettre ne me précédera pas de beaucoup. — Je retourne dans l'Inde, et probablement je n'en sortirai plus. — Tu te rappelles avec quelle ardeur je désirais visiter l'Europe, le pays de la civilisation, comme on appelle cela ; mais Dieu damne mes yeux ! si j'avais su ce que c'était, je ne me serais pas dérangé.

» Je suis en France à présent, un pauvre pays, à Paris, une sale ville ; — il est difficile de s'y amuser convenablement. — D'abord il y pleut toujours, et le soleil n'y paraît qu'en gilet de flanelle et en bonnet de coton ; il a l'air d'un vieux bonhomme perclus de rhumatismes. — Les arbres ont de toutes petites feuilles et seulement pendant trois mois de l'année ; pour toute chasse, des lapins ou tout au plus quelques méchans sangliers ou quelques mauvais loups qui n'ont pas seulement la force de manger une douzaine de paysans.

» Les hommes sont horriblement laids, et les femmes..... Oh ! et ah ! — Les gens riches, ou qui passent pour tels, n'ont pas seulement une pièce de vingt-cinq mille francs dans leur poche, et si en se promenant il leur prend fantaisie de faire reculer leur tilbury dans une devanture de boutique et d'écraser un manant ou deux, ils sont obligés de laisser leur chapeau en gage ou d'aller emprunter de l'argent à un de leurs amis.

» Il y a une certaine classe de jeunes gens que l'on appelle fashionables, c'est-à-dire jeunes gens à la mode; c'est une singulière vie que la leur. L'habit du plus élégant d'entre eux ne vaut pas mille francs, et les trois quarts du temps ils le doivent; leur suprême raffinement consiste à porter des bottes vernies et des gants blancs. — Une paire de bottes coûte quarante francs; une paire de gants, trois francs ou cent sous. — Luxe titanique! — Leurs vêtemens sont d'un drap à peu près pareil à celui des portiers, des marchands de salade et des avocats; il est très-difficile de distinguer un grand seigneur, un fils de famille, d'un professeur d'écriture anglaise en vingt-quatre leçons.

» Ces messieurs dînent dans deux ou trois cafés accrédités par la mode, où tout le monde peut aller et où l'on risque d'être assis à la même table qu'un vaudevilliste ou un faiseur de feuilletons qui vient de toucher son mois et veut se dédommager de huit jours d'abstinence; ces cafés sont les plus abominables gargotes du monde; on n'y peut rien avoir : vous demandez une bosse de bison ou des pieds d'éléphant à la poulette, on vous regarde d'un air hébété, comme si vous disiez quelque chose d'extraordinaire; — leur soupe à la tortue a rarement des écailles, et vous ne trouveriez pas dans leur cave une goutte de Tokay ou de Schiraz authentique.

» Après leur dîner, messieurs les fashionables vont à un endroit que l'on nomme l'Opéra : c'est une espèce de baraque en bois et en toile avec des dorures passées et des espèces de barbouillages en manière de papier peint d'une magnificence suffisante pour montrer des singes acrobates et des ânes savans. — Il est du bon genre de se placer dans une des boîtes oblongues qui avoisinent le plus quatre grosses colonnes d'un corinthien repoussant, qui ne sont pas même de marbre. — De ces loges il est impossible de rien voir ; c'est probablement pour cela qu'elles sont plus recherchées que les autres.

» Je me suis demandé très-longtemps quel plaisir on pouvait trouver là-dedans. Il paraît que l'amusement consiste à voir les jambes des danseuses jusqu'à la tête. — Ces jambes sont habituellement fort médiocres et revêtues d'un maillot rembourré. — Ce qui n'empêche pas les vieillards de l'orchestre de récurer les verres de leurs lorgnettes avec une grande activité.

» Le reste du temps, on fait un tapage énorme, sous je ne sais quel prétexte de musique. La pièce qu'on joue est toujours la même, et les vers sont écrits par les plus mauvais poëtes qu'on puisse trouver.

» Quand il n'y a pas opéra, l'on se promène avec un cigare à la bouche sur un boulevard qui n'a pas deux cents pas de long, sans ombre, sans fraîcheur, où l'on n'a place pour poser sa botte que sur le pied de ses voisins. — Ou bien l'on va en soirée. Aller en soirée est un des plus inexplicables plaisirs de l'homme civilisé. — Voici ce que c'est qu'une soirée. On fait venir quatre cents personnes dans une chambre où cent seraient déjà mal à leur aise; les hommes sont en noir, comme des croque-morts ; les femmes ont les plus étranges costumes de la terre : des gazes, des rubans, des épis de faux or, le tout valant bien quinze francs. Leurs robes, impitoyablement décolletées, trahissent des misères de contours inimaginables. — Je ne m'étonne pas que les maris ne soient point jaloux et laissent généralement à d'autres le soin de coucher avec leurs femmes ! Tout le monde est debout plaqué contre le mur ; les femmes sont assises séparément, et personne ne leur parle, excepté quelques vieux êtres chauves et ventrus ; le piano, exécrable invention, pleurniche piteusement dans un coin, et le piaulement aigu de quelque cantatrice célèbre surmonte, de temps en temps, le bourdonnement sourd de l'assemblée. — Des palefreniers ou des portiers, déguisés en laquais, apportent quelques gâteaux et quelques verres de mélanges fades, sur lesquels tout le monde se rue avec une avidité dégoûtante.

» Les gens les plus aisés dansent eux-mêmes comme s'ils n'avaient pas le moyen de payer des danseurs.

» Tu serais bien étonné, mon bon Radin-Mantri,

de voir de près la civilisation : la civilisation consiste à avoir des journaux et des chemins de fer. Les journaux sont de grands morceaux de papier carrés qu'on répand le matin par la ville ; ces papiers, qui ont l'air d'avoir été imprimés avec du cirage, contiennent le récit des événemens de la ville : les chiens qui se sont noyés, les maris qui ont été battus par leurs femmes, et des considérations sur l'état des cabinets de l'Europe, écrites par des gens qui n'ont jamais su lire et dont on ne voudrait pas pour valets de chambre. Les chemins de fer sont des rainures où l'on fait galoper des marmites ; spectacle récréatif !

» Outre les journaux et les chemins de fer, ils ont une espèce de mécanique con-sti-tu-ti-on-nelle avec un roi qui règne et ne gouverne pas ; comprends-tu ? Quand ce pauvre diable de roi a besoin d'un million, il est obligé de le demander à trois cents provinciaux qui se réunissent au bout d'un pont et parlent toute l'année sans tenir compte de ce que l'autre orateur a dit avant eux. On répond à un discours sur la mélasse par une philippique sur la pêche fluviale.

» Voilà la façon de vivre des Européens.

» Leurs mœurs intérieures sont encore plus étranges : on entre chez leurs femmes à toute heure du jour et de la nuit ; elles sortent et vont au bal avec le premier venu ; la jalousie paraît être inconnue à ce peuple. Les pairs de France, les généraux, les diplomates, prennent habituellement pour maîtresses des danseuses de l'Opéra, maigres comme des araignées, qui les trompent pour des perruquiers, des machinistes, des gens de lettres ou des nègres. — Ils le savent très-bien, et ne leur en font pas plus mauvais visage, au lieu de les faire coudre dans des sacs et jeter à la rivière, comme il conviendrait. — Un goût singulier et presque général chez ce peuple, c'est l'amour des vieilles femmes. Toutes les actrices adorées et fêtées du public ont au moins soixante ans ; ce n'est guère que vers leur cinquantième année que l'on s'aperçoit qu'elles sont jolies et qu'elles ont du talent.

» Quant à l'état des arts, il est loin d'être éblouissant : tous les beaux tableaux des galeries sont d'anciens maîtres. — Il y a cependant à Paris un poëte, dont le nom finit en *go*, qui m'a paru faire des choses assez congruement troussées ; mais, après tout, j'aime autant le roi Soudraka, auteur de *Vasantesena*.

» Je ne me suis guère amusé en Europe, et la seule chose agréable que j'y ai vue est une petite fille nommée Musidora, que j'aurais voulu enlever et mettre dans mon sérail ; mais, avec ses stupides idées européennes, elle aurait été très-malheureuse, et rien ne me déplaît plus que d'avoir devant moi des mines allongées.

» Je partirai dans quelques jours. J'ai frété trois vaisseaux pour emporter d'ici ce qui en vaut la peine : je brûlerai le reste. — L'Eldorado disparaîtra comme un rêve, un ou deux barils de poudre feront l'affaire.

» Adieu, vieille Europe, qui te crois jeune ; tâche d'inventer une machine à vapeur pour confectionner de belles femmes, et trouve un nouveau gaz pour remplacer le soleil. — Je vais en Orient ; c'est plus simple ! »

FIN.

www.ingramcontent.com/pod-product-compliance
Lightning Source LLC
Chambersburg PA
CBHW070649170426
43200CB00010B/2175